나라를 위한 선비들의 맞대결

조선을 만든 사람들

나라를 위한 선비들의 맞대결
조선을 만든 사람들

초판 1쇄 인쇄   2009. 11. 20.
초판 1쇄 발행   2009. 11. 25.

지은이   이성무
발행인   이상용 이성훈
발행처   청아출판사
         경기도 파주시 교하읍 문발리 출판문화정보산업단지 507-7
대표전화 031-955-6031
편집부   031-955-6032
팩시밀리 031-955-6036
홈페이지 www.chungabook.co.kr
E-mail   chunga@chungabook.co.kr
등록번호 제9-84호
등록일자 1979. 11. 13.

ISBN 978-89-368-0403-9 03900

● 값은 뒤표지에 있습니다.
● 잘못된 책은 구입한 곳에서 바꾸어 드립니다.

나라를 위한 선비들의 맞대결

조선을 만든 사람들

이성무 지음

청아출판사

대립과 갈등 위에 꽃피운 조선 역사 500년

사람들은 누구나 각자의 생각이 있기 마련이다. 그런데 이 생각은 같을 수가 없다. 사람이 다르기 때문에 생각도 다르다. 사람들은 자기와 같거나 비슷한 생각은 수용하지만, 다른 생각은 배격한다. 그러다 보니 파당이 생기고 갈등이 생긴다. 그런데 그 갈등은 사소한 것일 수도 있고, 목숨을 거는 심각한 것일 수도 있다. 정파 간의 권력투쟁이나 국난을 당했을 때 시국관의 차이로 목숨을 거는 싸움이 벌어질 수 있는 것이다.

조선시대도 마찬가지였다. 정파 간의 권력투쟁도 있었고, 국란을 당했을 때 시국관의 차이로 극한 대립을 하는 경우도 있다. 이 책에서는 이러한 선비들의 갈등과 대결을 살펴 오늘날의 귀감을 삼고자 한다.

이 책에서는 조선 건국 과정에서의 정도전과 이방원, 기묘사화 때의 조광조와 남곤, 16세기 명종, 선조 조의 이황과 조식, 임진왜란 때의 유성룡과 이이, 병자호란 때의 최명길과 김상헌, 17세기 예송 때의 송시열과 윤휴, 19세기 신유박해 때의 정약용과 심환지 등 일곱 가지 선비들의 맞대결을 골라 심층적으로 분석해 보기로 했다. 물론 이 외에도 빼놓을 수 없는 많은 사건과 그에 따른 선비들의 맞대결이 있겠지만 지면 관계로 다음 기회를 기약하기로 한다.

대체로 의견의 대립은 양립할 수 없는 경우가 많다. 그러나 서로 격론을 벌이다 보면 이견이 좁혀질 수도 있다. 객관적인 상황이 바뀌거나, 정파의 힘이 차이가 나거나, 나라를 위해 타협하지 않을 수 없을 때 그러하다. 그런 면에서 자기 주장만 고집하기보다는 이견을 조율하는 것이 더 중요하다. 정국을 이끌어 가는 지도자는 이러한 이견조율을 잘할 수 있는 사람이어야 한다. 이것은 명분과 실리의 조율일 수도 있다. 어떤 의견이고 다른 사람들의 지지를 받으려면 그 주장이 객관적이어야 하고, 합리적이어야 한다. 이 때문에 선비들의 갈등과 대립은 그 나름대로의 타당성을 내포하고 있으며, 조절될 가능성이 있다. 조절의 리더십이 있는 이상 나라는 망하지 않으며, 정파는 무너지지 않는다. 우리는 이러한 선인들의 지혜를 배워야 한다.

이 책은 짧은 기간 안에 쓰여졌다. 그러므로 필자 혼자의 힘만으로 이루어질 수 없었다. 주위의 많은 도움을 받았다. 특히 이 책을 집필하는 데 직접적으로 도움을 준 박은교 씨에게 힘입은 바 크다. 깊은 감사를 드린다.

2009년 11월

이성무

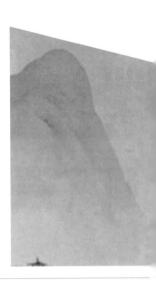

차례

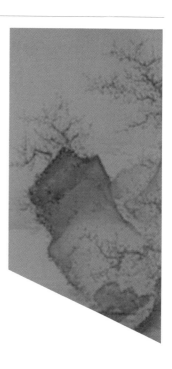

조선을 만든 사람들

1

조선의 운명을 가른 사투

정도전 vs 이방원

늦더위가 아직 가시지 않은 초가을 저녁이었다. 송현松峴(지금의 한국일보사 근처)에 위치한 남은南誾의 첩집 사랑방에서는 정도전을 비롯해 남은, 심효생沈孝生, 장지화張至和, 이근李懃 등이 모여서 한창 술자리가 벌어지고 있었다.

"하하, 역시 전하의 총애를 독차지하고 계신 대감이십니다. 이번에 세자의 사부가 되셨다고요. 어서 한 잔 쭉 드시지요."

남은은 정도전을 한껏 추켜세우며 술을 권했다.

"이제 정권과 군권 모두 대감님의 차지가 아닙니까. 천하에 두려울 게 없으십니다. 전하께서 사병을 모두 명나라와 싸울 병력으로 거두라 하시니, 정안대군(이방원)의 힘도 빠질 것이고, 술맛만 좋은 게 아닙니다."

주변 사람들의 이어지는 감언이설과 거듭되는 술잔에 정도전의 얼굴도 어느새 불콰해져 있었다.

"그런가? 그래도 아직 가야 할 길이 머네. 조선은 이제 시작 아닌가."

"나라 걱정일랑 오늘은 접어두십시오. 전하의 마음이 정 대감께 있으니, 대감의 뜻이 곧 전하의 뜻 아니옵니까. 다 뜻대로 되실 것입니다."

밤이 깊어갔다. 안에서는 술자리가 무르익었고 문간에서는 노복들이 꾸벅꾸벅 졸고 있었다. 마당에는 안장을 갖춘 말 두어 필이 마른 건초를 씹고 있었다. 미적지근한 바람이 한 차례 불었다.

그때 캄캄한 어둠 속에서 검은 그림자들이 소리 없이 움직였다. 수가 족히 삼십은 되었다. 이방원이 보낸 자객들이었다. 그림자들은 남은의 집을 겹겹이 둘러쌌다.

"쳐라!"

어둠을 가르는 외마디에 검은 그림자들이 사랑방 쪽으로 튀어 올랐다. 달빛에 칼날이 번뜩였다. 이웃집에서도 연이어 불길이 솟구쳤다. 말들이 날뛰고 노복들은 영문도 모르는 채 칼부림을 당했다. 술자리는 순식간에 아수라장으로 변했다.

"대감, 어서 몸을 피하십시오. 정안대군의 습격이 분명합니다."

아수라장을 뚫고 정도전은 담을 넘어 옆집으로 도망쳤다. 이방원은 김소근 등에게 그를 체포하라고 명했다. 옆집에 숨어 있던 정도전은 허리에 한 자쯤 되는 칼을 차고 있었으나 놀라고 기력이 빠져 간신히 기다시피 끌려 나왔다. 환갑을 넘긴 정도전에게 그날 밤의 충격은 컸다. 그의 앞에는 갓 서른을 넘긴 이방원이 기세등등하게 서 있었다.

이방원의 종 소근이 정도전을 무릎 꿇렸다.

"이보시오. 일전에 공이 나를 구했던 것을 아직 기억하고 있소. 옛정을 생각해 살려 주시오."

"조선의 봉화백奉化伯이 되었는데도 아직 부족하단 말씀입니까. 일을 이렇게까지 만든 것은 대감이라는 것을 잊지 마시오."

"허나, 나라의 앞길을 생각하……."

"어서 베어라!"

정도전과 이방원이 마지막으로 나눈 대화는 짧았다. 오랫동안 팽팽하게 대립해 왔던 것과는 사뭇 대조적이었다. 이방원의 승리였다.

조선의 국시는 성리학이다. 공자의 왕도정치를 구현하기
위해서는 재상들이 정치의 중심이 되어야 한다.
그러자면 국가 조직을 재상들을 중심으로 하여
재정비할 필요가 있다.

● 진신도팔경시비 : 정도전이 새로 세워진 수도 서울의 아름다움과 위용을 그린 시조. 서울특별시 종로구 훈정동 종
   묘공원에 있다.

정도전鄭道傳, 1342~1398년

자는 종지宗之. 호는 삼봉三峰. 시호는 문헌文憲. 본관은 봉화. 여말선초의 정치가, 학자. 경북 영주에서 밀직제학 형부상서를 지낸 정운경鄭云敬의 장남으로 태어나 이색李穡의 문하에서 수학하였으며 1362년 문과에 급제하여 전교시주부, 예조정랑, 지제교 등의 벼슬을 지냈다.

친원배명親元排明 정책을 반대하다가 전라도 나주에 유배당했으며, 1377년 유형을 마친 후 학문 연구와 후진 교육에 종사하며 특히 주자학적 입장에서 불교배척론을 체계화하였다. 이성계가 위화도에서 회군하여 정권을 잡자 그를 도와 토지개혁을 실시하였고 조준趙浚, 남은南誾 등과 함께 이성계를 왕위로 추대하고 조선왕조의 개국 공신이 되었다. 한양 천도 때는 경복궁과 종묘의 위치와 도성의 기지를 결정하고 전각과 대문의 모든 칭호를 정했다. 《조선경국전朝鮮經國典》으로 법제의 기본을 이룩하고 요동수복계획을 수립하던 중 제1차 왕자의 난 때, 이방원에게 참수되었다. 조선왕조의 건국을 설계했으며 재상 중심의 정치 체제를 확립하고자 했다. 저서로는 《삼봉집三峯集》, 《불씨잡변佛氏雜辨》, 《심기리편心氣理編》 등이 있다.

나라가 평안하려면 왕권이 강화되어야 한다.
왕이 없이 신하가 있을 수 있겠으며,
나라 없이 백성이 있을 수 있겠는가.

● 태조금보 : 조선시대 대보는 국왕의 권위와 정통성을 상징하며 왕위계승이나 중국과의 외교문서에 사용하였다.

이방원李芳遠, 1367~1422년

태종太宗. 조선 제3대 왕(재위 기간 1400~1418년). 자는 유덕遺德. 태조太祖의 5남. 어머니는 신의왕후神懿王后 한씨. 비는 원경왕후元敬王后. 성균관에서 수학하고 1382년(우왕 8) 문과에 급제하여 밀직사대언密直司代言이 되고, 후에 아버지 이성계李成桂를 도와 신진 세력들을 모으는 데 큰 역할을 하였다.

1388년 정조사正朝使 정몽주鄭夢周의 서장관으로 명나라에 다녀오고, 1392년 정몽주를 제거한 후 이성계가 왕위에 오르자 정안군靖安君에 봉해졌다. 그러나 태조가 방석芳碩을 세자로 책봉하자 불만을 품고 1398년(태조 7) 정도전과 남은을 살해하고 동생인 방석과 방번芳蕃을 죽여 버렸다. 이것을 제1차 왕자의 난이라 한다. 방원은 이때 세자로 추대되었으나 형 방과에게 사양하였다. 하지만 1400년(정종 2) 넷째 형인 방간芳幹이 박포朴苞와 공모하여 자신을 제거하려는 것을 알고 이를 평정하였다. 이를 제2차 왕자의 난이라 한다. 이 난을 진압한 후 세자로 책봉되면서 내외의 군사를 통괄하게 되었으며 1400년 11월에 정종의 양위를 받아 조선 제3대 왕으로 즉위하였다.

왕권을 강화하고, 삼군도총제부三軍都摠制府를 신설했으며 억불숭유抑佛崇儒 정책을 강화하였다. 또한 주자소鑄字所를 세워 계미자癸未字를 만들었으며 권근權近과 하륜河崙 등에게 명하여《동국사략東國史略》을 편찬하게 하였고(태종 9)《태조실록》등을 편찬하였으며 신문고와 의금부를 설치하였다. 1405년에는 송도松都에서 한양漢陽으로 천도하였으며 1418년 세종에게 선위하였다.

정도전은 이성계와 함께 조선을 건국한 개국 공신이다. 이성계를 도와 나라를 여는 데 성공했으므로 이성계가 왕위에 오르고 나자 큰 권력을 쥐게 된다. 이방원 역시 조선을 개국하는 데 중요한 역할을 했으나 두 사람은 오랫동안 서로 앙숙이었다. 조선을 누가 주도해, 어떻게 설계할 것이냐에 대한 생각이 달랐기 때문이다.

조선 건국 초기에는 사병제도私兵制度가 존재했고, 왕자들이 가진 사병집단이 상당한 힘을 가지고 있었다. 이방원은 사병을 이용하여 호시탐탐 정도전을 죽일 기회를 엿보았고, 정도전은 사병을 없애기 위한 법을 제정했다. 사병을 없애야 왕자들의 세력을 누를 수 있게 되며, 특히 이방원에게 정권이 넘어갈 기회를 주지 않을 수 있었다. 갈림길에 서게 된 이방원은 결국 군사를 동원하여 기회를 틈타 정도전을 습격해 살해한다. 이것이 제1차 왕자의 난이다.

이방원과 정도전이 대립했던 가장 큰 이유는 서로의 정치사상이 달랐다는 것이다. 정도전은 재상의 역할을 중요시하여 강력한 신권 정치를 꿈꾸었다. 모든 권력을 왕이 갖는 것이 아니라 왕의 신하 중 제일 우두머리, 즉 재상이 정치를 하는 재상 중심의 정치체제를 지향했다. 그러나 이방원은 모든 권력을 왕이 독점하는 왕권 중심의 정치체제를 원했다. 이것을 시작으로 세자 책봉 문제에 대해서도 큰 견해차를 보였다.

둘 다 이상적인 사회를 건설하고자 하는 뜻은 같았지만 그것을 강력한 왕권으로 이룰 것이냐, 재상의 힘으로 만들 것이냐에 대해서는 한치의 양보도 없이 대립으로 일관했다. 결국 이 싸움은 이방원의 승리로 끝났지만, 조선왕조의 권력체제는 정도전이 설계한 대로 따른 것이 많다.

시련의 세월을 넘어 권력의 중추에 서다

정도전의 집안은 봉화 지역의 향리였다. 고조할아버지는 봉화 정씨의 시조인 정공미鄭公美 이후 대대로 이런저런 낮은 벼슬을 지내오다가 아버지 정운경鄭云敬 대에 이르러 형부상서 등 중앙의 높은 벼슬을 지냈다. 정운경은 도전道傳, 도존道存, 도복道復이라는 세 아들을 두었다.

정도전은 오래도록 외가가 천한 신분이라는 공격을 받았다. 《태조실록》 정도전 졸기卒記를 살펴보면 외할아버지 우연禹淵의 장인인 김전은 스님으로 수이樹伊라는 종의 아내와 사통해 딸 하나를 낳았다. 그리고 그 딸이 우연에게 시집을 가 딸 하나를 낳아 공생 정운경에게 시집을 보냈다는 것이다. 그러니 외할머니가 천인의 딸이고 정도전은 천출이라는 것이다.

그러나 정도전의 신분에 대해서는 의심스러운 점이 많다. 우선 김전이 수이의 아내와의 사이에서 낳은 딸을 자신의 딸이라고 주장하고 있고, 정도전 자신도 아버지인 정운경 행장行狀에 어머니를 영주의 사족인 산원 우연의 딸이라고 했다는 점이다.

고려 말에는 조선시대와 달리 적서차별이 없었고, 태종 때가 되어서야 서얼금고庶孽禁錮와 적서차별이 심해졌다.

정도전이 언제 태어났는지는 잘 알려져 있지 않다. 다만 1396년(태조 5)에 명나라에 보낸 외교문서가 문제시되었을 때 정도전이 나이가 쉰다섯 살이나 되어 명나라에 갈 수 없다고 한 것을 보면 1342년(고려 충혜왕 복위 3)에 태어난 것으로 짐작할 뿐이다. 이는 그가 조선의 건국에 큰 역할을 했지만 역적의 신분으로 죽었기 때문이다. 그 때문에 행장이나 신도비 묘비의 글조차 남아 있지 않아 한동안 그의 출생연도나 출생지조차 알려지지 않았다. 다만 정운경이 홍보도감 판관을 할 때이니 개경에서 태어났을 가능성이 높다고 추측된다. 그러나 만약 외가에서 태어났다면 단양일 수도 있다. 그의 호인 삼봉이 개경의 삼각산인지, 단양의 삼봉인지도 정확하지 않다.

역사 기록을 보면 정도전은 "타고난 자질이 총명하고 어려서부터 독서를 좋아했다"라고 짧게 적혀 있다. 자라면서 공부에 뜻이 있음을 알게 된 아버지는 그를 친구인 이곡李穀의 아들인 이색李穡의 문하에서 공부할 수 있도록 했다. 당시 이색의 문하에는 정몽주鄭夢周,

이숭인李崇仁, 이존오李存吾, 김구용金九容, 박의중朴宜中 등 훌륭한 학자들이 모여 있어 이들과 교류할 수 있었다.

정도전은 1360년(공민왕 9)에 성균시成均試에 합격하고 1362년(공민왕 11)에 진사시에 합격해 이듬해 충주사록忠州司錄이 되면서 관리 생활을 시작했다. 2년 후에는 개경으로 와 삼사도사三司都事를 거쳐 통례문지후通禮門祗候로 승진했다.

그러나 이때 공민왕이 신돈을 기용하자 벼슬을 버리고 삼각산 옛집으로 돌아갔다. 얼마 후 아버지와 어머니가 잇달아 세상을 떠나게 되어 영주에서 3년간 시묘살이를 하면서 학문 연구와 제자 양성에 힘썼다.

그러다가 1367년(공민왕 16)에 이색이 성균관의 대사성을 맡고 정몽주, 이숭인, 김구용, 박상충, 박의중 등이 유학교육을 일으키자 정도전도 성균박사로서 동참했다. 정도전의 학문은 이즈음 깊어진 것 같다.

그 후 정도전은 태상박사太常博士, 예의정랑禮儀正郎을 역임했으나 1374년(공민왕 24)에 그를 아끼던 공민왕이 시해되면서 시련을 맞게 되었다.

당시의 정국은 동아시아 세력 판도의 변화에 따라 신료들은 친원파와 친명파로 나뉘어 있었고 권력은 친원파가 가지고 있었다. 정도전은 친명파에 속했다. 그는 공민왕이 시해된 것을 명나라에 보고해야 한다고 주장해 이인임李仁任 등 친원파의 미움을 샀다.

그런데 1375년(우왕 1)에 원나라에서 사신이 왔다. 고려와 힘을 합해 명나라를 치자는 요구를 하기 위해서였다. 이때 이인임과 경복흥 등 친원파 대신들은 평소 눈엣가시로 여기던 정도전을 영접사로 보내어 사신을 맞이하게 했다. 거부하면 그를 핑계로 정도전을 제거할 생각이었던 것이다. 아니나 다를까 정도전은 이에 응하지 않았다.

"선왕이 명나라를 섬기기로 했는데 이제 와서 원나라 사신을 맞는 것은 옳지 않습니다. 게다가 그들은 우리에게 죄를 씌워 놓고 용서해 주는 척하니 어떻게 그들을 접대할 수 있겠습니까? 소인은 그들의 목을 베거나 아니면 그대로 체포해 명나라에 보내고 말겠습니다."

결국 이 일로 인해 그는 전라도 나주 근처인 회진현會津縣에서 9년간이나 유배생활을 했다.

그가 유배 첫 해에 쓴《심문천답心問天答》이라는 글을 보면 그는 '왜 선한 사람은 화를 입고 악한 사람은 도리어 복을 받는가'에 대한 고민의 흔적을 살펴볼 수 있다. 정도전 역시 정의롭게 산다는 것의 의미에 대해 고민했던 것이다. 수많은 질문 속에서 그가 찾아낸 결론은 '선함과 의로움이 현실에서 승리하지 못한다 하더라도 그것은 하늘의 책임이 아니라 인간의 책임이며, 자신이 의롭게 살았음에도 어찌해 이 모양이냐고 하늘을 탓해서는 안 된다. 자신을 진실로 바르게 하여 자신의 때를 기다려야 한다'는 것이었다.

이러한 수신修身의 자세는 귀양살이를 하는 동안 그에게 일반 백성들의 생활을 자세히 엿볼 수 있게 했다. 그는 당시 느낀 것들을《금남잡영錦南雜詠》,《금남잡제錦南雜題》등에 시로 읊어 놓았다.

1377년(우왕 3)에는 귀양지가 고향인 영주로 바뀌었다. 그리고 곧 귀향에서 풀려나 옛집으로 돌아와 삼각산三角山 아래에 초가를 짓고 제자들을 가르쳤다. 그러나 그를 미워하는 재상들에 의해 집이 헐리고 말았다. 결국 옛날에 함께 공부하던 친구 부평부사 정의鄭義에게 의탁해 부평부 남쪽에서 살게 되었으나 그나마도 재상 왕모가 별장을 짓는다고 쫓아내자 할 수 없이 김포로 이사했다. 이렇듯 정도전은 오랫동안 시련의 세월을 보냈다. 이런 어려움이 혁명에 대한 꿈을 꾸게 만들었을 것이다.

그러던 정도전은 1383년(우왕 9), 당시 동북면도지휘사로 있던 함주咸州의 이성계 막사를 찾아갔다. 답답한 세상을 새롭게 바꿀 혁명을 위해서는 군사력이 필요했음을 절감한 것이다. 정도전은 이성계의 군대를 보고 이렇게 말했다.

"참으로 훌륭합니다. 이런 군대라면 무엇인들 못하겠습니까?"

혁명을 위한 군사력으로 충분하다는 뜻이었다. 당시 이성계에게 이 말은 매우 의미심장했을 것이다. 또 평소에 정도전은 술에 취하면 이런 말도 했다 한다.

"한고조漢高祖가 자방子房(한고조 유방의 책사로 한을 여는 데 큰 역할을 함)을 이용한 것이 아니라 자방이 한고조를 이용한 것이다."

여기서 한고조가 이성계를 의미한다면 자신은 자방이니, 결국 자신이 이성계를 이용했다는 말이 된다.

1384년(우왕 10)에 정도전은 오랜만에 전의부령이 되어 정몽주의 서장관으로 우왕의 즉위를 승인받기 위해 명나라 금릉에 다녀왔다. 그리고 다음 해 4월 성균좨주成均祭主로서 지제교에 임명되었다. 또한 태고太古 보우普愚가 죽었을 때 그의 비문을 쓰기도 했다. 이런 것을 보면 그가 불교를 배척한 것은 불교의 정치적, 사회적 적폐積弊를 해소하기 위한 것이었지, 올바른 승려와의 친분조차 끊으려는 것은 아니었음을 알 수 있다.

정도전은 1387년(우왕 13)에 남양부사로 자원해 내려가 목민관으로 경험을 쌓은 다음 당시 수문하시중守門下侍中으로 있던 이성계의 추천으로 성균대사성成均大司成이 되었다. 이는 정도전과 이성계가 의기투합했음을 보여 주는 인사였다고 할 수 있다.

다음 해 이성계는 위화도 회군으로 정권을 잡게 되고 폐가입진론廢假立眞論(왕씨가 아닌 우왕과 창왕을 폐하고 진짜 왕씨를 왕으로 옹립함)을 내세워 신종의 9대손인 요瑤를 공양왕恭讓王으로 옹립했다. 정도전은 혁명에 앞장섰다. 혁명의 걸림돌이 되는 것은 모조리 제거해 나갔다. 그 과정에서 스승인 이색과도 결별하고 친구인 이숭인 등과도 등을 졌다. 개혁에 반대하는 세력을 과감하게 처단한 것이다.

1391년(공양왕 3)에는 삼군도총제부의 우군총제사右軍摠制使가 되어 이성계, 조준趙浚과 함께 군권을 장악하고 삼사우사三司右使가 되어 재정권을 손에 넣었다. 또한 윤소종尹紹宗, 박초朴礎 등과 더불어 성균관을 중심으로 강력한 불교배척운동을 일으켰다. 충의군에 봉해지고 수충논도좌명공신輸忠論道佐命功臣의 호를 받았으며, 공신전 100결과 노비 10구를 받았다.

또한 같은 해 과전법科田法을 단행하는 데 앞장섰다. 그러나 수구세력들의 반발로 이성계가 벼슬을 버리고 물러나 함흥으로 돌아가려 하자 정도전은 남은 등과 더불어 이를 극구 만류했다. 그러자 구세력의 대사헌 김주金湊 등이 정도전을 탄핵했다. 그는 9월 봉화현으로 귀양 보내졌다가 10월에는 나주로, 12월에는 다시 봉화로 귀양지를 옮겼다. 이때 정도전의 아들인 전농정 진津과 종부부령 담湛도 서인으로 강등되었다. 두 번째의 시련이었다. 정도전을 탄핵할 때 역시 외가의 천계 혈통이 문제가 되었다. 그러나 이성계에게는 그가 필요했다. 그는 이듬해 봄에 귀양에서 풀려나 고향인 영주로 돌아왔다.

그해 4월, 이성계가 명나라에 다녀오는 왕자 석奭을 마중 나간 길에 해주에서 사냥을 하다 말에서 떨어져 다리가 부러지는 사건이 일어났다. 이 기회에 시중으로 있던 정몽주는 김진양金震陽, 강회백姜淮白, 이확李擴 등과 더불어 혁명을 일으킬지도 모를 이성계 일파의 세력을 일망타진하기 위해 그 오른팔인 정도전 등을 탄핵해 귀양 보내기로 했다. 이때도 정도전의 출신이 문제가 되었다. 그러나 방원에 의해 정몽주가 격살되자 정도전은 다시 개경으로 돌아왔다. 조정에서는 그를 위로하기 위해 쌀 100가마를 내려 주고 다시 충의군忠義君에 봉했으며 두 아들의 직첩도 돌려주었다.

조선왕조를 설계하다

혁명 세력들은 새 왕조의 탄생을 막았던 정몽주 등이 죽자 이젠 거칠 것이 없었다. 7월 17일 정도전과 조준, 남은 등 52명은 역성혁명易姓革命을 일으켜 이성계를 왕으로 추대했다. 이성계는 개경 수창궁壽昌宮에서 즉위해 조선왕조의 제1대 왕인 태조가 되었다. 그와 반대로 공양왕은 원주로 유배되었다가 강원도 간성으로, 3년 후에는 삼척으로 옮겨가 그곳에서 죽었다. 삼척에 공양왕의 무덤으로 전해지는 묘가 있으나 실제 무덤은 경기도 고양시에 있는 고릉이다.

조선왕조가 세워지자 정도전은 왕조의 설계자로서 확고한 지위를 차지하게 되었다. 묵은 제도를 정비하고 개혁하는 일은 모두 그에게 맡겨졌다. 정도전은 정치뿐 아니라 문하시랑찬성사, 동도판도평의사사사, 판호조사, 판상서사사, 보문각대학사, 지경연예문춘추관사, 의흥친군위절제사, 봉화백 등의 온갖 요직을 겸직하면서 경제, 인사, 군사, 교육, 역사서 편찬 등을 관장했다.

조선의 조정과 병권이 정도전의 손아귀에 있었던 것이다. 이에 부응이라도 하듯 정도전은 태조가 즉위한 지 11일 만에 왕명을 받아 신왕조의 정책 방향을 제시하는 17조의 〈편민사목便民事目〉을 지어 바쳤다. 이에 따라 이색 등 4명의 반혁명분자들을 귀양 보내고, 이종학李種學, 김진양, 이확, 이숭인 등 8명을 곤장 100대씩을 때려 죽였다. 새 왕조를 위한 희생은 컸지만 그의 개혁을 막을 자는 없었다. 오랜 기간 기다려 온 그의 꿈이 이루어질 시점이었다.

그는 먼저 국가이념을 정립하고 통치체제를 정비했다. 주자학을 국가이념으로 삼고 성리학을 내세우고 불교와 도교를 공허한 이론이라며 비판했다. 그리고 왕명으로 국가의 제도와 운영에 기본이 되는 《조선경국전朝鮮經國典》을 펴냈다. 통치체제로는 중앙집권제를, 통치철학으로는 왕도정치와 민본주의를 바탕으로 했다. 무엇보다 농사에 중심을 두어 사전을 혁파하고 공전을 늘렸다. 이는 귀족들의 경제적인 기반을 빼앗아 국가와 농민에게 재분배한 것이었다. 과전법은 큰 반발을 불러왔으며 곧 그를 질시하고 견제하는 분위기가 조성되었다.

실제 정도전의 성품은 날카롭고 도전적이었다고 한다. 그러나 그가 후덕하고 타협적인 인간이었다면 과연 하나의 왕조를 설계할 수 있었을까?

한양 건설

정도전에게 주어진 또 하나의 큰 임무는 새 도읍지의 건설이었다. 1393년(태조 2)에 태조는 공주 계룡산 근처가 새로운 도읍으로 적당하다는 말을 듣고 무학대사와 함께 근처를 돌아보았다. 늘 북방민족에게 시달려 온 탓에 남쪽을 염두에 두었던 것이다. 그러나 공사를 시작한 지 얼마 지나지 않아 하륜이 반대하고 나섰다.

"도읍은 마땅히 나라의 중앙에 있어야 될 것이온데 계룡산은 지대가 남쪽에 치우쳐서 동, 북, 서와 서로 멀리 떨어져 있습니다. 또 풍수지리에 의하면 계룡산의 땅은 물이 장생을 파하여 쇠퇴함이 곧 닥치는 땅이옵니다. 도읍을 건설하는 데는 적당하지 않습니다."

태조는 공사를 중단하고 하륜이 추천한 무악毋岳을 돌아봤으나 이번에는 정도전이 터가 좁다고 반대했다. 돌아오는 길에 태조는 인왕산 근처에서 머물게 되었다. 무학대사는 인왕산을 주산으로 하고 백악白岳과 목멱木覓을 좌청룡, 우백호로 해 동향으로 도읍을 세우자고 했다. 그러나 이번에도 정도전이 반대했다.

"옛부터 제왕은 모두 남쪽을 향해서 다스렸지, 동쪽을 향해서 다스린 일이 없습니다."

태조는 정도전의 의견을 받아들여 지금의 경복궁 자리를 정궁 터로 잡았다. 그리고 경복궁을 중심으로 동쪽에 종묘宗廟, 서쪽에 사직단社稷壇을 세웠다. 이후 한양은 조선의 도읍으로 500여 년 동안 정치, 경제, 문화의 중심지가 되었다.

1395년 9월에 경복궁과 종묘가 완공되자 왕실은 12월에 한양으로 이사를 시작했다. 태조는 정도전에게 궁궐의 모든 전각과 문루의 이름을 지으라 명했다. 경복궁의 근정전, 사정전, 교태전, 강령전, 연생전, 경성전, 융문루, 영추문, 건춘문, 신무문, 광화문 등이 그것이다.

도성의 자리와 출입문의 이름 역시 정도전이 지었다. 사대문은 숭례문(남대문), 소지문(북문), 흥인지문(동대문), 돈의문(서대문)이고, 사소문은 소의문(서소문), 창의문(서북문), 혜화문(동소문), 광희문(동남문)이다. 광희문은 수구문이라고도 했으며 이 문으로는 사람의 주검이 실려나갔다.

이처럼 정도전은 태조의 신임 속에서 신도읍의 후보지를 정할 때부터 한양 천도의 중심적인 역할을 했다. 한양이 조선왕조의 수도로 정해진 것은 태조의 의지와 정도전의 협력에 의해 이루어진 것이다.

누가 왕인지는 중요하지 않다

정도전이 이렇듯 한양 건설에 여념이 없던 1396년(태조 5) 6월, 이른바 '표전문表箋文 사건'이 터졌다. 표전은 조선이 명나라에 보내는 외교문서이다. 사건의 발단은 하정사賀正使(조선시대 신년 축하를 위해 중국으로 보낸 수석 사신) 유순柳珣이 가지고 간 표전의 내용이 명나라에 대해 모욕적이고 오만하다는 이유로 글을 쓴 책임자를 잡아들이라고 한 데서 불거졌다. 명나라에서는 찬문자撰文者인 정도전과 정탁鄭琢을 잡아오라고 했다.

이 사건은 정도전이 겉으로는 존명사대尊明事大를 부르짖으면서 속으로는 북방의 영토를 조선의 행정구역으로 편입시키는 행위를 괘씸하게 여긴 명나라가 그를 제거하려고 꾸민 것이었다. 조선은 이 문제를 해결하기 위해 명나라에 여러 번 사신을 보냈지만 명은 사신을 구속하거나 유배시키는 등 계속 횡포를 부렸다. 당시 사신으로 갔다가 돌아오지 못한 사람은 10여 명이나 되었다.

하지만 정도전과 달리 이방원은 명나라에 사대를 하며 평화롭게 지내야 한다고 주장했다. 그는 대표적인 친명파였다. 2년 전 명나라에 사신으로 갔을 때도 조선의 다른 사신들과는 달리 극진한 대접을 받은 바 있었다. 그러다보니 명나라도 은근히 정도전을 탄압하며 이방원이 세력을 잡을 수 있도록 힘을 써 주었다. 명나라로서는 이방원이 정도전의 세력을 치고 권력을 잡아야 요동지역을 지킬 수 있었기 때문이다.

어찌되었든 조정에서는 정도전을 명에 보내는 문제에 대해 의견 대립이 있었으나 그의 위세에 눌려 아무도 그를 보내야 한다고 말하지 못했다. 이 일로 정도전은 잠시 조정에서 떠나 있기는 했으나 명나라의 위세에 기죽지 않았다. 게다가 명나라와의 갈등이 해결될 기미가 보이지 않자 과거에 자신이 반대했던 요동정벌을 태조에게 건의하기까지 했다. 이러한 정도전의 생각은 이성계의 지지를 받았다.

그러던 중 명나라가 신덕왕후神德王后의 상복을 입었다는 죄목으로 정총鄭摠 등을 처형하는 사건이 일어났다. 이를 빌미로 본격적으로 전쟁 준비가 시작되었다. 태조는 함경도의 성곽을 수리하게 하고 무기를 점검하는 등 전쟁 준비를 서둘렀다. 정도전 역시 자신이 만든 병서인 《오진도五陳圖》를 기본으로 중앙의 군사들에게 군사훈련을 시키면서 전쟁 준비를 했다. 더구나 귀족들이 소유하고 있었던 사병을 관군에 편입시키려 하자 왕자와 공신들의 불만은 극에 달했다. 그중에서도 이방원의 위기의식은 가장 컸다.

이방원은 개국 최대의 공로자인 자신을 제쳐두고 방석을 세자로 책봉한데다 사병마저 빼앗기게 되면 대권의 꿈이 물거품이 될지도 모른다고 생각했다. 그리고 그 배경에 정도전이 자리하고 있다는 것을 잘 알고 있었다. 두 사람 사이의 상할 대로 상한 감정은 결국 제1차 왕자의 난이 발생하는 계기가 되었다.

하지만 정도전이 자신의 이익을 위해서 신덕왕후 강씨의 둘째 아들 방석을 세자로 적극 추대한 것은 아니었다. 이미 태조의 마음이 강씨 소생인 방석에게 있었기 때문이다. 태조는 강씨뿐 아니라 막내 방석을 애지중지했다. 게다가 나라를 여는 데 공이 있는 방원을 비롯한 전처의 아들들을 꺼려했다. 그래서 방석을 아꼈고, 정도전에게 교육을 맡겼다.

당시 교서를 보면 태조는 "과인이 사랑에 빠져 방석을 세자로 삼았으나 그 잘못을 말리지 않은 정도전과 남은에게 책임이 있다."라고 밝히고 있는데, 이는 이방원의 측근인 하륜에 의해 쓰인 것이므로 신빙성이 없다.

태조 대의 왕비는 신덕왕후 강씨뿐이다. 첫 번째 부인인 신의왕후

神懿王后 한씨는 조선이 건국되기 전 해에 이미 세상을 떴으므로 살아 있는 정비인 강씨의 계통을 정통으로 볼 수 있다. 그리하여 방석이 세자로 책립되었을 때 그에 대한 이의가 없었던 것이다. 적서의 차별이 엄격하게 구별된 것은 오히려 태종 대에 서얼차대법庶孽差待法이 실시된 이후부터였다. 태종은 방석의 일을 거울삼아 아예 서자들을 문과도 보지 못하게 하고 벼슬도 하지 못하도록 만들어 버렸다.

정도전에게 누가 왕이 되느냐는 크게 중요하지 않았을지도 모른다. 그는 왕의 힘이 아니라 재상의 힘으로 나라를 움직이는 것을 꿈꾸던 인물이기 때문이다. 자신을 중심으로 왕권을 강화하려던 이방원만은 예외였을 것이다.

"임금이 신하만 못하면 신하에게 전권을 맡기는 것이 좋다. 임금이 그르다고 해도 재상은 옳다고 말하고, 임금이 옳다고 해도 재상은 그르다고 할 수 있어야 한다." 이것이 정도전의 신념이었다.

이 두 가지가 이방원으로 하여금 정도전을 제거하게 만들었다. 더이상 지체할 수 없다는 조바심이 그를 500년 왕조사에서 형제간의 피바람을 일으키게 한 것이다.

실록에 의하면 정도전과 남은, 심효생 등은 태조의 병환이 위독해 피접을 가야 한다는 핑계로 여러 왕자들은 대내로 불러들인 다음 내노內奴와 갑사甲士들을 시켜 제거하려 했다고 한다. 이 사실은 이화李和, 이무李茂, 이애李薆 등이 이방원에게 밀고한 내용이다.

정도전을 제거한 이방원은 궁궐로 들어가 태조에게 정도전 등이 권실왕자들을 제거하려고 해서 미리 처결했노라고 고했다. 이성계가 받은 충격은 컸다. 그는 마지못해 둘째인 방과芳果를 세자로 삼았다.

하지만 정도전이 실제로 이방원 등 전실 왕자들을 제거할 생각이 었다면 철저한 준비가 있었을 것이다. 조선의 2인자였던 그가 그런 음모를 꾸미고 있었다면 제대로 된 호위병조차 없이 벗의 집으로 놀러가 술판을 벌이지는 않았을 것이다.

국가의 중추는 누구인가

정도전은 본디 유학자였다. 유학 중에서도 주자학을 신봉한 것은 강력한 귀족과 사원 등 기득권층을 배격하기 위해서였다. 그는 개혁을 위해《주례周禮》를 사회개혁의 모델로 정하고, 자작농 국가를 건설하기 위해 지주제를 부정하고 공전제를 부활시켜 문벌독점체제를 배격하고자 했다. 반면에 양민의 지위를 높이고 부국강병을 달성해 백성이 나라의 근본인 민본적 자주국가를 만들고자 했다. 즉, 혈통보다 능력을 중시하고, 선비의 긍정적 역할을 강조한 것이다.

특히 중앙집권적 양반관료제를 지향하여 귀족이나 호족의 지배로부터 백성을 보호해야 한다고 했다. 그는 군주가 국가의 상징이고 구심체이기는 하지만, 군주가 할 일은 오직 재상을 잘 뽑는 데 있다고 믿었다. 국정은 재상이 주도하고 왕에게는 보고만 하면 된다는 것이다. 왕은 반드시 훌륭한 사람이 아니라도 되니 자자손손 세습해도 되고 가급적이면 적장자가 계승하되 맏아들이 똑똑하지 못하면 왕자 중에서 똑똑한 사람을 뽑아 세워도 된다고 여겼다.

자신 같은 인물이 재상이 되어 정치를 주도하는 재상 중심의 정치체제를 꿈꾸었던 정도전은 결국 방원에게 제거되었지만 그가 이루고 자 했던 재상중심론은 조선시대 의정부서사제議政府署事制에 어느 정도 반영되어 있다. 그렇다면 이방원은 어떤 생각을 가지고 있었길 래 아버지의 오랜 동지였던 정도전의 목숨까지 빼앗은 것일까?

스스로 왕위를 움켜쥐다

이방원은 태조 이성계와 신의왕후神懿王后 한씨의 다섯째 아들이 다. 이성계에게는 두 명의 부인이 있었는데 조선이 건국되기 직전 세 상을 떠난 첫 번째 부인인 신의왕후 한씨와의 사이에서 방우芳雨, 방 과芳果, 방의芳毅, 방간芳幹, 방원芳遠, 방연芳衍 등 여섯 아들과 두 딸을 두었고, 두 번째 부인인 신덕왕후 강씨와의 사이에서 방번芳蕃 과 방석芳碩, 그리고 한 명의 딸을 두었다.

두 번째 부인인 신덕왕후 강씨는 권문세족 출신으로 이성계가 출 세하여 개성에서 정치활동을 하는 데 큰 힘이 되었다. 그러므로 자연 히 신덕왕후의 발언권은 강할 수밖에 없었고 결국 그의 소생인 방석 이 세자로 책봉된 것이다.

이방원은 함경도 함흥부 귀주 사제에서 태어났다. 어려서부터 똑 똑하고 글 읽기를 좋아했다. 하루는 신의왕후가 이방원의 앞날을 점 쟁이에게 묻자 그가 이렇게 말했다 한다.

"이 아이는 말할 수 없이 귀하니 가벼이 다른 점쟁이에게 물어보지 마시오."

1382년(우왕 8)에 진사시에 합격하고 다음 해에 문과 병과에 급제하자 이성계는 무인집안에서 문과급제자가 났다고 자랑하며 그를 사랑했다.

하지만 고려 말의 혼란한 정국은 이방원에게 가만히 앉아 글이나 읽게 내버려 두지 않았다. 어머니의 상을 당해 시묘살이를 하는 중에 이성계가 명나라에 다녀오는 왕자 석을 마중하러 나갔다가 말에서 떨어져 다리가 부러지는 사건이 일어났다. 그러자 이때를 이용해 정몽주 일파는 정도전 등 이성계의 측근들을 귀양 보내 죽이려 했다.

이 소식을 듣고 이방원은 정몽주가 우리 가문에 이롭지 못하니 먼저 제거하자고 아버지에게 권했지만 오히려 역정만 들었다. 결국 이방원은 자신이 책임지기로 하고 조영규趙英珪에게 방과의 집에 가서 칼을 가져와 정몽주의 집 동구에서 죽이라고 명했다. 정몽주는 전 판개성부사 유원의 집에 문상을 다녀오는 길이었다. 그가 선죽교에 다다르자 조용규가 달려가 죽였다. 이 사실을 안 이성계는 크게 화를 냈지만 죽은 사람을 다시 살릴 수는 없었다.

"우리 집안이 본래 충효로 소문이 나 있는데 너희들이 멋대로 대신을 죽였으니 나라 사람들이 내가 모르고 한 일이라 믿겠느냐? 부모가 아들에게 경서를 가르치는 것은 충효를 하도록 하고자 함이다. 그런데 너는 감히 불효를 저질렀구나. 내가 약을 먹고 죽어야겠다."

"정몽주 등이 장차 우리 가문을 무너뜨리려하니 어찌 앉아서 망하기를 기다리겠습니까. 이것은 효를 한 것입니다."

아마도 이때 이성계는 아들 이방원의 야심을 엿보았는지도 모른다. 그래서 더욱 그에게 정권을 주지 않으려 했다. 공신들의 천거에도 불구하고 신덕왕후의 뜻대로 방석을 세자로 책봉했다. 하지만 이것도 결국은 해결책이 되지 못했다.

제1차 왕자의 난으로 태조는 왕위를 둘째 아들인 방과에게 물려주고 상왕으로 물러났다. 아들끼리의 피비린내나는 싸움에 정치가 지긋지긋해졌을지도 모른다. 수많은 전장에서 맡았던 피 냄새에도 불구하고 자식들이 흘리는 피는 너무나 비렸나보다.

정종(본래는 공정왕. 후에 정종定宗) 역시 궁궐터가 좋지 않다는 이유를 들어 1399년 도읍을 다시 개경으로 옮겼다. 2년여에 걸쳐 진행된 천도가 채 자리를 잡기도 전에 다시 개경으로 향하게 된 것이다. 하지만 이것도 끝이 아니었다. 1400년(정종 2)에 개경에서 방간芳幹에 의해 제2차 왕자의 난이 일어났기 때문이다. 방간은 태조의 4남으로 왕위계승에 야심을 품고 있었다.

방간이 난을 일으키려 한다는 정보를 들은 방원은 정종에게 나아가 "형님이 나를 모해하려 하므로 부득이 군사를 일으켜 치겠습니다."라고 말하고 방간을 잡아 토산兎山으로 귀양 보냈다.

제2차 왕자의 난이 끝난 후 하륜은 정종에게 방원을 세자로 세우기를 청했다. 정종에게는 적자가 없었고 국가를 세우고 사직을 안정시키는 데 방원의 역할이 컸다 해 그리 청한 것이다. 정종은 왕좌에 앉아 있었지만 늘 동생의 세력이 두려웠기 때문에 두말하지 않고 1400년 2월 동생을 왕세자로 삼았고, 같은 해 11월에 왕위를 내 주었다. 태종은 수창궁에서 왕위에 올랐다. 정종은 상왕이 되고 태조는 태상왕이 되었다.

태조는 형제들과 피바람을 일으키며 기어이 왕위에 오른 태종을 미워했다. 그래서 옥새를 가지고 궁을 떠나 소요산으로, 함주로, 다시 함흥으로 떠돌았다. 그리고 절마다 찾아다니며 죽은 자식들의 명복을 빌었다. 태종은 여러 차례 문안사를 보내 아버지를 궁으로 모셔 오려 했으나 태조는 그때마다 차사差使를 죽여 버렸다. 아버지와 아들 싸움에 아까운 차사들만 목숨을 잃은 것이다.

그러던 중 1402년(태종 2) 11월에 신덕왕후의 친척이던 안변부사 조사의趙思義가 난을 일으켰다. 죽은 방석의 원수를 갚는다는 명분으로 태조의 지원을 받아 난을 일으킨 것이다. 하지만 조정에서 군사를 동원해 반란군을 물리쳤고 조사의와 그의 아들 조홍趙洪을 체포해 죽였다. 조사의의 난이 실패한 데다 태종이 보낸 무학대사無學大師의 간청에 태조는 마침내 한양으로 돌아가기로 마음을 먹었다. 태조가 돌아온다는 소식을 들은 태종은 한양 밖까지 달려나가 태조를 직접 맞이하려 했지만 하륜이 이를 말렸다.

"태상왕께서 성난 것이 아직 다 풀리지 않으셨으니 염려스러운 부분이 있습니다. 만일을 대비해 차일의 기둥을 굵은 나무로 하십시오."

아니나 다를까 태조는 태종을 보자마자 가지고 있던 활을 꺼내 시위를 당겼다. 태종은 급히 기둥 뒤에 숨었고 화살은 기둥에 맞았다.

"네가 임금이 되는 것은 하늘의 뜻이구나."

태조는 웃으면서 옥새를 건넸다.

"네가 갖고 싶어 하는 것은 바로 이것이니 이제 가지고 가거라."

태종이 눈물을 흘리며 세 번 사양하다가 마침내 받아들고 술잔을 올리려 하자 하륜이 다시 속삭였다.

"술통이 있는 곳에 가서 잔을 부으시고 잔을 올릴 때는 친히 하지 마시고 환관에게 주어 드리게 하소서."

태종이 그대로 하자 태조는 술을 마신 후 다시 웃으며 소매 속에서 쇠방망이를 꺼냈다.

"역시 하늘의 뜻이구나."

조선의 중앙집권화를 이룩하다

정권을 잡는 데 있어 어떤 정적도 가차 없이 베었던 이방원은 왕이 된 후 이를 만회라도 하듯 훌륭하게 국가를 이끌었다. 그가 가장 중점을 둔 것은 왕권강화였다. 이를 위해 육조의 권한을 강화했다. 육조에서 일어나는 일 중 중요한 일이 아니면 의정부를 거치지 않고 바로 왕에게 직접 보고하는 체계를 만들었다. 이 육조직계체제六曹直啓體制는 재상들로 이루어진 의정부의 권한을 상대적으로 약화시켰다.

그리고 이를 위해 사병을 혁파했다. 자신 역시 사병으로 제1, 2차 왕자의 난을 승리로 이끌었기 때문에 사병이 있는 한 정국 안정은 물론 중앙집권체제를 갖출 수 없다는 것을 잘 알고 있었다. 그래서 그는 왕위에 오르기 직전 사병을 혁파하고 중앙군을 강화했다.

두 번째로 억불정책을 썼다. 이는 고려 말의 혼란기를 보내면서 불교의 폐해를 잘 알고 있었기 때문이다. 1416년(태종 16)에는 승려가 되려는 사람은 국가의 허가를 받아야 한다는 도첩제度牒制를 실시하였다. 양반의 경우 포 100필을 바쳐야 승려가 될 수 있었으니 그 수가 줄어들 것은 당연했다. 또 사찰의 수를 제한하고 혁파된 사찰의 토지와 노비를 국가로 환수했다. 이는 국가의 재정을 튼튼히 하는 데 큰 도움이 되었다.

이와 더불어 유교적 윤리를 일반 백성들에게 적극적으로 권장했다. 이에 따라 유교 관련 서적을 편찬하기 위해 주자소鑄字所를 설치해 구리활자인 계미자癸未字를 만들었다. 이는 조선의 금속활자 발달의 기초가 되었다. 이러한 활자를 이용해 1413년(태종 13)에는 《태조실록》을 간행했다.

이 밖에도 억울한 사람들을 위한 신문고申聞鼓를 설치하고, 호패법戶牌法을 만들어 국가의 인적자원을 관리했으며, 종이돈인 저화楮貨를 만들어 유통시켰고, 호포제戶布制를 폐지해 공물의 이중부담을 면하게 해주었다.

그러나 모든 것이 좋은 것은 아니었다. 서얼庶孼의 자자손손을 양반직에 임명하지 못하게 하는 서얼금고법을 실시했고 재혼한 여자의 자식을 차별하는 부녀재가금지법을 실시했다. 이 서얼금고법은 노비의 자손은 노비가 된다는 노비세전법과 함께 조선의 악법 중 하나로 손꼽힌다. 태종은 방석에게 세자 자리를 빼앗겼던 과거의 아픔을 잊지 못했는지 서얼금고법은 조선시대 내내 강화되어 갔다. 이것은 양반이 양산되는 것을 막는 장치로도 이용되었다.

태종은 장자인 양녕대군을 세자로 삼았으나 방탕하고 여자를 좋아하여 적당치 않다는 의견을 받아들여 셋째 아들인 충녕대군으로 세자를 교체했다. 스스로를 창업군주創業君主라고 생각하고 수성군주守成君主를 택한 것이다. 태종은 처음에는 정권만 세종에게 넘기고 병권은 자신이 쥐고 있었다. 세종의 뒷배를 봐 주기 위해서였다. 뿐만 아니라 외척의 득세를 우려하여 처남인 민무구閔無咎, 민무질閔無疾, 민무회閔無悔, 민무휼閔無恤 등과 세종의 장인인 심온沈溫 형제까지 제거했다. 또 대신 중에서도 후일 권세나 세력을 멋대로 휘두를 만한 자들을 모조리 제거해 세종이 안심하고 정치를 할 수 있게 해 주었다.

재위 18년 동안 태종이 만든 왕권 중심의 권력구조는 세종 대에 더욱 발전했다. 그 결과 국왕의 지위와 권한은 더욱 높아졌고 조선은 비로소 도약할 수 있었다.

이에 반해 역적으로 몰린 정도전은 조선왕조 내내 신원되지 못했다. 조선 말기 고종高宗 대에 들어서 대원군이 경복궁을 중건하면서 그 설계자인 정도전의 공로를 인정해 1865년에야 그의 봉작을 회복시켜 주었다. 그러니 정도전의 묘 또한 어디에 있는지 정확히 알 수 없다. 후손들은 경기도 진위면 은산리에 정도전의 가무덤을 써 놓고 있다. 그는 비명에 갔지만 그의 사상은 조선왕조의 기틀을 잡는 중심 사상이 되었다. 그를 죽인 태종조차도 개혁의 기본 방향은 정도전의 계획에 따랐다. 신숙주申叔舟도《삼봉집三峯集》후서에서 "개국 초에 무릇 나라의 큰 규모는 모두 선생이 만들었고, 당시 구름처럼 모여든 영웅호걸들 중 그분과 비교할 만한 이는 없었다."고 밝히고 있다.

과연 정도전의 의도대로 조선이 흘러갔다면 더 진보한 조선을 만날 수 있었을까? 정도전의 죽음은 역사가 언제나 예상한 대로 흘러가는 것은 아니라는 사실을 일깨워준다.

조선을 만든 사람들

2

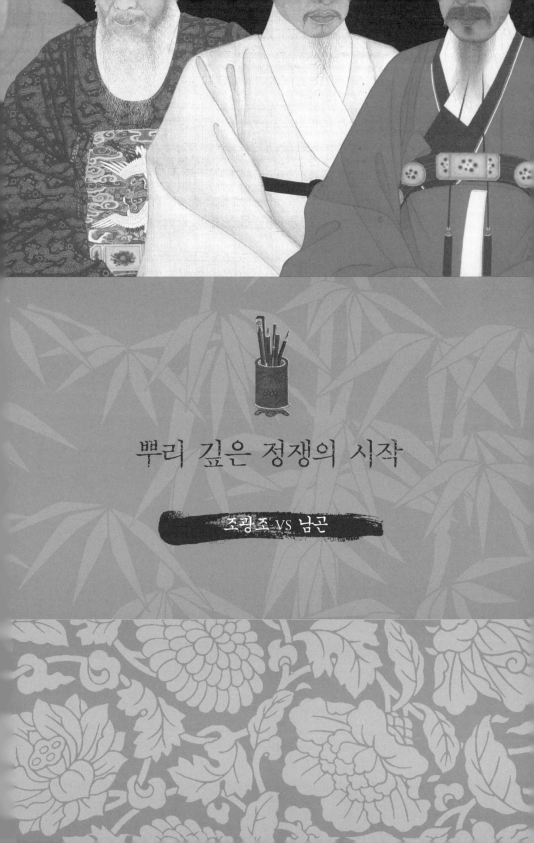

뿌리 깊은 정쟁의 시작

조광조 VS 남곤

중종은 비밀리에 모여든 영의정 정광필鄭光弼과 안당安瑭을 위시한 주요 대신들을 앞에 두고 앉아 있었다.

"이미 결정된 일이오. 예조판서 남곤은 전지를 받아쓰도록 하시오."

조광조, 김정金淨, 김식金湜, 김구金絿 등 4인이 서로 붕당을 맺어 자신들에게 붙는 자는 관직에 나가게 하고 다른 자는 배척하며, 서로 의지해 요직을 차지하고 국론과 조정을 날로 그릇되게 해, 조정에 있는 신하들이 그 세력이 두려워서 감히 입을 열지 못하니 죄상을 문초해 밝혀내라.

갑작스런 일에 영의정 정광필이 왕의 옷소매를 잡고 눈물로 호소했다.

"전하, 저들이 어찌 다른 뜻이 있겠습니까. 관대하게 여기시어 삼공으로 하여금 의논하여 처리하도록 해 주십시오."

하지만 중종은 불쾌한 표정으로 영의정을 뿌리치고 자리에서 일어났다. 평소의 유약하던 모습과는 너무나 달랐다. 그리고는 새로 임명된 승지를 통해 교서를 내렸다.

"이 사람들을 의금부에 가두라."

교서에는 승정원의 승지 윤자임, 공서린, 안정, 이구, 그리고 홍문관의 응교 기준, 부수찬 심달원의 이름이 적혀 있었다. 이어 우참찬 이자, 형판 김정, 대사헌 조광조와 부제학 김구, 대사성 김식, 도승지 유인숙, 좌부승지 박세희, 우부승지 홍언필 등도 옥에 갇혔다.

"여봐라, 감히 내가 누구인 줄 알고 이런 행패를 하는 게냐?"

"아니, 조 대감, 대감까지 오신 게요? 이게 대체 무슨 영문이오?"

조광조는 아무 말이 없이 그저 차가운 옥사에 앉아 눈을 감고 생각에 잠겼다. 의금부는 오늘 밤 잡혀온 죄인들로 아우성이었다. 며칠 전만 해도 조정을 호령하던 그들에게는 그야말로 아닌 밤의 홍두깨일 터였다.

"어명일 뿐이오."

의금부도사가 일갈했다. 일말의 희망이 끊어졌다. 옥사의 인물들은 망연자실했다. 이들은 개혁을 추진해 나가는 데만 급급해 조정의 미세한 움직임에 미처 신경을 쓰지 못했다. 그러다가 은밀히 진행해 온 훈구파의 계략에 말려든 것이다.

다음 날 아침. 예조판서 남곤과 홍경주, 심정 세 사람은 홍경주의 집에 모여 있었다. 하룻밤 사이에 사림 세력을 쓸어 버린 음모의 주역들이었다.

"대감, 임금이 그리 쉽게 마음을 바꾸게 될 것을 어찌 아시었소?"

홍경주가 물었다.

"임금은 그리 영민하지 못하오. 겉으로는 선을 좋아한다고 하나, 신하들이 직언이라도 하면 금방 거부하는 낯빛이 되지 않소? 그러니 조광조 등을 총애하기는 하지만 계기만 있다면 쉽게 마음을 바꿀 거라고 직감했지요."

"대감의 식견이 대단하십니다. 저희야 평생 천하가 조광조의 것이 되겠다고 여겼지요. 아무튼 시원합니다그려."

심정이 호탕하게 웃었다.

도학을 널리 펴 인심을 바르게 하고
성현을 본받아 나라를 다스리는 근본으로 삼아야 한다.

조광조趙光祖, 1482~1519년

자는 효직孝直. 호는 정암靜庵. 시호는 문정文正. 본관은 한양. 조선 중기
중종 때 사림의 영수로 도학정치를 주장한 정치가이자 학자. 조원강趙
元綱의 아들로 김굉필金宏弼에게 수학했다. 1515년(중종 10) 문과에 급
제한 후 전적典籍, 감찰을 역임하면서 중종의 신임을 바탕으로 도학정
치의 실천을 역설했다. 사간원 정언 재직 시 폐비 신씨의 복위를 상소
한 김정, 박상의 입장을 지지했다. 1517년(중종 12)에는 교리로 재직하
면서 향약의 전국적인 시행에 주력했고 도교 관서인 소격서昭格署를 폐
지토록 했다. 대사헌 등을 역임하면서 현량과賢良科를 실시해 신진 사
림들을 대거 등용했고, 남곤 등 정국공신靖國功臣의 위훈삭제僞勳削除를
주장하면서 훈구 세력과 대립했다. 훈구 세력이 주도한 기묘사화己卯士
禍로 투옥되었다가 능주로 유배된 후 사사되었다. 학문에 있어서《소학
小學》과《근사록近思錄》을 중시했고 거경居敬을 학문의 요체로 삼았다.
문집으로《정암집靜庵集》이 전한다.

조광조 등이 붕당을 만들어 조정을 교란하고
왕이 되려는 음모를 꾸미고 있다.

남곤南袞, 1471~1527년

자는 사화士華, 호는 지정止亭 혹은 지족당知足堂. 시호는 문경文景. 본관
은 의령. 조선 중기의 문신. 김종직金宗直의 문하에서 수학하고 1494년
(성종 25) 별시문과에 급제해 1496년(연산군 2)에 홍문관수찬, 사간원정
언을 거쳤다. 1504년(연산군 10) 갑자사화甲子士禍 때 서변西邊에 유배되
었으나 1506년(연산군 12) 9월 중종반정으로 풀려났고, 박경朴耕 등이
반역을 꾀한다고 거짓으로 고한 뒤 그 공으로 가선대부가 되었다. 대간
의 탄핵을 받고 황해도관찰사로 좌천되기도 했으나 1510년(중종 5) 문
한文翰의 일인자로 인정받아 호조참판, 대사헌, 전라도관찰사, 지중추
부사 등을 지냈다. 1515년(중종 10)에는 우참찬이 되었고 1516년 홍문
관대제학을 겸했으며, 뒤에 의정부좌, 우찬성, 대사헌, 예조판서, 이조
판서 등을 지냈다. 1518년(중종 13)에는 명나라에 다녀오기도 했다.
1519년(중종 14) 심정沈貞 등과 함께 기묘사화를 일으켜 당시 집권 세력
이던 조광조 등 신진 사림파를 숙청한 뒤 좌의정을 거쳐 영의정이 되었
다. 만년에는 그동안의 일을 자책하며 평생 써 놓았던 글을 불태웠다.
결국 사림파의 탄핵을 받아 1558년(명종 13) 삭탈관직당했다. 저서에
《유자광전柳子光傳》,《지정집止亭集》등이 있다.

조광조와 남곤은 연산군의 폭정으로 야기된 국정의 총체적 난맥을 수습해 왕권을 강화하고 성종 대의 안정된 정치를 복원해야 한다는 사명감이 팽배하던 시기에 활동했던 인물이다. 그러다보니 두 사람은 복잡한 정치적 변화의 풍파를 함께 겪었고 마침내 한 쪽이 살기 위해서는 서로를 죽여야만 하는 상황에까지 몰리게 되었다.

중종 대 초반에는 반정을 이끈 공신들이 주도권을 잡았다. 이는 당연한 일이었다. 하지만 반정공신들의 수가 지나치게 많은 데다 그들의 횡포가 계속되자 삼사를 중심으로 한 조광조 등의 기묘사림己卯士林이 본격적으로 등장했다. 이들은 급진적 개혁으로 조선을 바로 세우고자 했다.

하지만 이것은 훈구파에게 위협이 되었음은 물론, 중종에게도 부담으로 작용했고, 결국 기묘사화를 계기로 주도권은 다시 훈구파에게 넘어가게 된다. 이 와중에서 두 사람 모두 반정의 명분이자 목표였던 정치적 중흥을 이루기 위해 노력했으나 둘의 행보는 매우 달랐다. 그리고 급기야는 남곤의 음모에 조광조가 목숨을 잃으면서 조선의 개혁은 한 걸음 늦춰지게 된다.

이러한 중종 대의 정치적 역정歷程은 성과와 한계를 동시에 남겼지만 그 후 사림정치가 본격적으로 전개되는 데 중요한 초석이 된 것은 분명하다.

훈구파와 사림파

조광조는 한성부에서 사헌부 감찰을 지낸 조원강과 부인 민씨의 둘째 아들로 태어났다. 그의 고조 조온趙溫은 개국 공신으로 제2차 왕자의 난에서 공을 세웠다. 할아버지 조충손趙衷孫 역시 성균관 사예司藝를 역임한 인물이었는데 수양대군이 단종의 왕위를 빼앗고자 일으킨 계유정란癸酉靖難 때, 반대파로 몰려 10년간 유배생활을 했다. 숙부는 무오사화戊午士禍 때 사관으로 연산군에게 사료 제출을 거부하여 유배를 당한 적이 있었다. 이렇듯 조광조의 집안은 학문과 행실이 겸비된 기골 있는 문관의 집안이었다.

조광조는 태어나면서부터 이목구비가 반듯하고, 총기가 흘러 넘쳐 사람들의 눈길을 끄는 아이였다. 형제는 모두 셋이었는데 그중에서도 특히 조광조의 영특함이 남달랐다. 그는 다섯 살이 되면서부터 예절에 관해 배우는 것을 좋아했고 어딘지 모르게 어른스럽고 의젓했다. 게다가 예절에 어긋나는 행동을 하는 것을 보면 설사 어른이라도 그냥 지나치지 않았다.

그는 열여섯 살이 될 때까지 일정한 스승 없이 당시의 양반집 자제들처럼 유교의 경전을 공부했다. 《소학》과 《대학大學》, 사서四書(유교경전인 《논어》, 《맹자》, 《중용》, 《대학》을 통틀어 말함)와 삼경三經을 읽었다. 하지만 그는 이런 책들을 통해 단순히 글을 잘 짓는 것보다는 자신을 도덕적으로 완성시키고 세상을 바로 잡을 수 있는 방법에 대한 고민을 주로 했다.

이즈음 그에게 학문적 도움을 준 것은 숙부인 조원기趙元紀였다.

"학문이란 자고로 문장만이 아니라 사물의 이치를 터득해 일을 마땅하게 잘 처리하는 것임을 잊지 말거라."

"네, 숙부님."

숙부의 이런 가르침은 일찍부터 그가 수신修身, 제가齊家, 치국治國에 관심을 두게 된 계기가 되었다. 그래서 그는 과거 공부에 의도적으로 매진하지는 않았다. 다만 세상을 위해 큰일을 하겠다는 원대한 포부를 가슴에 품고 있었다.

그가 열일곱 살(연산군 4)이 되었을 때 무오사화가 일어났다. 사화란 선비들이 화를 입은 사건을 말한다. 그동안 대립 상태를 유지하던 훈구파와 사림파가 마침내 유혈극을 벌인 것이다.

사건의 발단은 유자광 등이 《성종실록》의 편찬을 위해 초벌 원고를 살펴보다가 김일손이 쓴 사초史草(사관이 기록해 둔 사기의 초고)가 눈에 띈 것이었다. 거기에는 김종직이 쓴 〈조의제문弔義帝文〉이 들어 있었다. 〈조의제문〉이란 김종직이 단종을 중국 초나라의 회왕懷王인 의제가 항우에게 불의의 죽음을 당했던 고사에 비유하여 그 죽음을 슬퍼하고 세조의 왕위 찬탈을 비난한 글이었다.

　이를 전해 들은 훈구파 대신들은 연산군을 부추겨 김일손을 비롯한 김종직의 제자와 문인들을 역모죄를 씌워 대역죄인으로 몰아 죽이거나 귀양을 보냈다. 이미 죽었던 김종직은 무덤까지 파헤쳐 목을 베었을 정도였다.

　'아, 대체 어찌 이럴 수가 있을까. 누가 보아도 사초의 내용을 문제 삼는 것은 있을 수 없는 일이 아닌가! 만일 누군가 그 내용을 일일이 문제 삼는다면 역사의 진실성은 과연 어떻게 될 것인가.

　모두들 적당히 임금에게 아부하는 것만 기록하게 될 것이고, 그런 역사는 아무런 의미도 갖지 못할 것이야. 게다가 학문이 깊은 선비들을 이러한 이유 때문에 참한다면 앞으로 이 나라의 운명은 어찌 될 것인지.'

　청년 조광조는 이러한 끔찍한 역사의 현장을 목도하면서 의롭지 못한 현실에 대해 고민하기 시작했다.

　그해 조광조의 아버지는 평안도의 어천도 찰방으로 부임했다. 이때 조광조도 따라갔는데 아버지는 그 기회에 아들에게 스승을 찾아 주어야겠다고 생각했다. 그러다가 김굉필이 근처의 희천에 유배를 와 있다는 사실을 알게 되었다. 하지만 그의 뇌리를 스치는 생각이 있었다.

　'아니다. 그는 정치적 이유로 유배 온 인물이야. 그렇다면 훈구파의 미움을 받고 있다는 것인데…… 과연 내 아들을 그에게 맡기는 것이 옳은 일일까?'

　그는 고민에 빠졌다. 그러던 어느 날 조광조가 그에게 말했다.

"아버님. 한훤당寒喧堂 어른께서 근처에 와 계시다고 들었습니다. 제가 그분께 가서 배우면 좋을 듯합니다. 허락해 주십시오."

"나 또한 생각 중이니 기다려 보거라."

"하지만 아버님, 저는 꼭 그분께 배우고 싶습니다. 그분의 학식과 인품이라면 저에게 꼭 맞는 스승이 되실 것입니다."

아들의 간청에 못 이긴 그는 청을 들어주기로 결심했다. 조광조는 서둘러 아버지가 마련해 준 소개장을 들고 그를 찾아갔다.

"조광조라고 합니다. 일찍부터 가르침을 받고 싶었는데 이제야 찾아 뵙습니다."

조광조는 이렇게 말하며 큰절을 했다. 김굉필 역시 이 청년의 학문이 만만치 않음을 바로 알아챘다. 좋은 제자를 하나 얻었다는 느낌이었다.

이듬해 그는 결혼을 했고 곧이어 아버지가 세상을 떠났다. 그는 3년간 시묘살이를 하고, 3년이 지난 후에는 그곳에 초당을 마련해 책도 읽고 쉬기도 하면서 지냈다. 그가 주로 읽었던 것은 《소학》과 《근사록》, 《성리대전》 등이었다. 그는 새벽닭이 울면 일어나 책을 펴들었다. 한 줄씩 정독해 가면서 의문 나는 내용이 있으면 한참 동안 생각에 빠지곤 했다. 또 풀리지 않는 문장이 있으면 온종일 궁리를 계속했다.

그는 배우고 노력하면 누구나 성현의 경지에 이를 수 있다고 생각하고 일상생활에서도 완벽한 인간이 되고자 하는 노력을 게을리 하지 않았다. 그러면서 현실 정치에 대해 서서히 눈을 뜨기 시작했고 정사를 내팽개치고 엉망이 되어버린 조정과 연산군에 대한 비판도

서슴지 않게 되었다.

"임금은 도대체 무얼 하는 것인가? 그렇게 많은 선비들을 해치고도 사냥이며 노는 데만 관심을 기울이다니. 게다가 유자광은 아직도 승승장구하고 있다니, 하늘도 무심하구나."

그의 독설을 들은 사람들은 혹시나 자신에게까지 화가 미칠까 겁을 내며 오히려 그를 피했다. 당시는 말 한 마디라도 잘못했다가는 어찌될지 모르는 정국이었기 때문이다. 그러다보니 친구들과도 점차 소원해졌다.

게다가 1504년(연산군 10)에 갑자사화로 스승인 김굉필마저 희생되자, 그는 세상을 더욱 참담하게 느끼게 되었다. 백성들은 백성들대로 어지러운 세상을 만나 중심을 잡지 못해 이리저리 우왕좌왕했고 지식인들은 감히 나서지 못하고 한숨만 쉬며 현실을 개탄하기만 할 뿐이었다.

마침내 1506년(연산군 12) 9월 초하루, 박원종, 성희안 등이 군사를 일으켜 연산군을 폐하고 성종의 둘째 아들 진성대군을 왕으로 옹립했다. 이것이 중종반정이다. 반정反正이란 '바르게 돌이킨다.'는 뜻으로 성공한 난을 가리키는 말이다. 연산군은 왕자의 신분으로 강등되어 강화도로 유배를 떠났고 두 달 후 그곳에서 서른한 살로 생을 마감했다.

출사

중종이 왕위에 오르자 백성들뿐 아니라 조광조 역시 새로운 세상에 대한 기대로 설레었다. 하지만 중종은 자신이 반정의 과정에 참여한 것이 아니라 그저 추대된 것에 불과했기 때문에 권력은 반정공신들에게 넘어갔다.

중종은 즉위 후 박원종, 성희안, 유순정, 유자광 등 유례없이 많은 117명을 정국공신으로 책봉했다. 이들은 정치적 주도권을 틀어쥐고 의정부와 육조의 요직을 장악했다. 공신의 수가 지나치게 많다보니 백성들의 부담도 가중되었다. 이미 연산군의 폭정으로 백성의 살림은 피폐할 대로 피폐해 있는 상황이었다.

이 공신책봉 문제는 두고두고 화근이 되었다. 중종 대에 일어난 대부분의 정치적 사건들이 공신책봉에 기초하고 있다고 해도 과언이 아니다.

이러한 현실에 대해 삼사는 묵과할 수 없었고 마침내 시정을 요구하게 되었다. 그러다보니 중종 대의 정국은 시작부터 대신과 삼사의 첨예한 대립으로 일관하게 되었다. 하지만 왕권이 취약했던 중종에게 공신은 자신을 보호해 줄 가장 믿음직한 세력이었다. 중종이 공신을 보호하고 나서자 삼사는 한 달에도 몇 번씩이나 사직상소를 올렸고 그때마다 논란은 계속되었다. 그리고 삼사의 집요한 탄핵과 사직 끝에 대신 4명이 물러나게 되면서 대간의 영향력과 위상은 조금씩 커지게 되었다.

그러자 이번에는 대간의 문제점에 대한 비난이 빗발쳤다.

"듣자하니 대간이 바뀌었다고 하는데 또 어떤 대신이 탄핵을 받는 건 아닌지요. 대간들 무서워서 어디 정치를 할 수가 있겠습니까?"

"그렇습니다. 대간은 조정의 중요한 일은 거론하지 않고 사람을 공격하는 것만 일삼아 작은 잘못도 용서하지 않으니 조정에 남아나는 사람이 없습니다."

당시 자신의 나아갈 길에 대해 생각하던 조광조는 관직에 나가지는 않더라도 양반으로서 지녀야 할 최소한의 자격을 가져야겠다는 생각에 진사시험을 치르고 장원으로 합격했다. 그의 나이 스물아홉 살이었다. 그의 정치관은 유교를 정치와 교화의 근본으로 삼아 왕도정치를 실현해야 한다는 것이었다. 그리고 이를 실현하기 위해서는 왕이나 관료들이 모두 몸소 도학을 실천궁행해야 한다고 생각했다. 지치주의至治主義, 즉 도학정치道學政治였다.

그는 이후 약 5년간을 성균관에서 공부했다. 그는 매우 모범적인 학생이었다. 말을 함부로 하지 않았고 온종일 단정히 앉아 강의를 듣는 것 외에는 혼자서 조용히 책을 읽고 그 내용을 연구할 뿐이었다. 그런 그를 비웃는 친구들도 있었으나 그를 따르는 동료들도 많이 생겨났다.

1515년(중종 10년) 성균관의 추천으로 조지서의 사지司紙가 되었다. 조지서는 종이를 만드는 관청으로, 사지는 조지서를 관장하는 관리이다. 직위는 나쁘지 않았으나 업무 내용은 그야말로 한직이었다. 처음에는 기쁜 마음에 관직을 받았던 조광조 역시 차츰 생각을 달리하게 되었다. 성균관에서 받은 신임에 비해서는 마음에 차지 않는 자리였기 때문이다. 게다가 그가 이곳에 발령받은 것에 대해 비웃는 소리까지 있었으니 더욱 마음이 편치 않았다.

"조지서로 발령받았다 들었네. 어찌 명망 있는 자네가 그런 한직으로 갔는지……. 괜히 그러지 말고 과거를 보는 게 어떤가?"

"저 역시 그동안 저의 이익과 영달에는 마음 쓰지 않았는데 생각지도 않던 일을 만나게 되니 부득이 과거를 통해 도를 행하는 단계를 거쳐야겠다 싶습니다."

그는 과거시험을 보아 2등으로 합격했다. 그의 새로운 보직은 성균관의 전적典籍이었다. 하지만 오래지 않아 사헌부의 감찰을 거쳐, 다시 사간원의 좌정언으로 옮겼다. 조정 일의 옳고 그름을 따져 왕을 보좌하는 사간원의 업무는 그에게 잘 맞았다. 그는 젊은 사람을 대표하는 인물로 세상에 알려지기 시작했다.

"조광조라고, 젊은 학자가 의리義理를 아는 인물이야. 대단한 사람일세."

"아, 알다마다. 성상도 그를 매우 아끼신다더군. 이제 우리 사림들에게도 좋은 날이 올 듯하네."

"누가 아니래. 몇 달마다 승진에 승진을 거듭하고 있지 않은가."

정승들이 모이는 곳이면 어디서나 이런 말들이 돌았다.

조광조에 대한 중종의 신임은 날로 두터워져갔다. 서른다섯 살이 되던 해 봄, 그는 호조, 예조, 공조좌랑에 임명되었다가 다시 홍문관 부수찬 겸 경연의 검토관으로, 다시 춘추관까지 겸직하게 되었다. 검토관의 자리를 얻게 되었다는 것은 경연이 있을 때마다 왕을 직접 만나 계도啓導할 수 있는 기회를 얻게 된 것이니 그로서는 때를 만난 셈이었다.

조광조의 강론을 들은 중종은 그의 주장을 따라 이상정치를 실현하려고 노력했고 중종 역시 성리학을 숭상하며 배우고 싶은 마음이 었으므로 둘은 의기투합할 수 있었다.

"아랫사람들을 진작시키는 것은 위에 있는 사람에게 달렸으니 성상께서 먼저 덕을 닦아 사람들을 감동시키게 되면 아래에서도 감동되지 않는 사람이 없어 지치至治가 생겨나게 되는 것입니다. 모든 사람들이 지금이야말로 다스릴 수 있는 기회라고 생각하니 이 기회를 놓치지 말고 마음의 힘을 다하신다면 나라의 큰 복이 될 것입니다."

조광조는 이렇듯 임금이 소소한 국사보다는 학문에 더 힘써야 한다고 수시로 강조했다.

그의 열성적인 계도에 힘입어 정치를 잘해보겠다는 왕의 의지는 불타올랐으나 백성들의 살림 형편은 좀처럼 나아지지 않았다. 먹고 살기 힘든 나머지 자식을 버리거나 죽였고, 굶주림을 견디지 못해 살던 집을 불사르고 일가족이 종적을 감추는 경우도 많았다. 특히 계속되는 천재지변으로 백성들의 삶은 더욱 척박해져만 갔다.

"내 항시 마음을 경계하며 지내고 싶으니 홍문관에서는 합당한 글을 지어 올리도록 하시오."

소속 관원들은 모두 머리를 짜 내어 글을 올렸고, 중종은 문장에 능한 김전과 남곤에게 좋은 것을 선별해 올리라고 일렀다. 채택된 것은 조광조의 글이었다. 그는 이에 대한 부상으로 털요까지 선물로 받게 되었다. 이 글이 바로 《계심잠戒心箴》이다. 《계심잠戒心箴》의 서문에서는 그의 도덕주의를 엿볼 수 있다.

……사람의 마음에는 욕심이 있으므로 그 마음의 본체의 영묘한 것이 잠겨져서 사사로운 정에 구속되었음은 능히 유통하지 못하여서 천리가 어두워지고 기운도 또한 막히어서 인륜이 폐해지고 천지만물이 생을 이루지 못하는 것입니다.

하물며 임금은 음란한 소리와 아름다운 맛의 유혹이 날로 앞에 모여들고 또한 권세의 높은 것으로 교만해지기가 쉽습니다. 성상께서 이를 염려하시고 두려워하여 신에게 명하여 마음을 경계하는 글을 지으라 하시니 아아, 지극하십니다. 신이 감히 뜨거운 정성을 헤쳐 내어 만 분의 일이나마 도움이 될 것을 바라나이다.

그러고 나서 조광조는 다음과 같이 썼다.

굳세게 자기의 마음을 지켜 신명의 엄숙함을 본받도록 합니다. 이렇게 하기를 바꾸지 말고 끊임없이 마음을 닦아야 합니다. 그리하면 마음의 밝음이 진실로 깨끗하고 그 흐름은 한없이 넓고 클 것입니다. 천하 모든 일에 발휘하면 빼어나게 뛰어난 밝은 날이 올 것이며, 마음속에 있는 의義는 모든 일에 나타나고 인仁은 모든 물건에 밝게 비칠 것입니다. 아아, 이 마음을 항상 지니면 선과 악이 분별될 수 있을 것입니다.

대쪽보다 곧은 선비

그의 목표는 위로부터 아래까지 모든 사람들이 예의를 지키고, 도덕적 생활을 하는 마을과 국가를 만드는 것이었다. 즉, 도학을 백성을 교화하는 근본원리로 삼아 왕도정치를 실현하려는 것이었다. 그는 유교적인 도덕국가를 세우기 위해 중종과 함께 급격하고도 과감한 개혁정치를 펴나갔다. 그러다보니 공신 자리를 차고 앉아 나랏일 처리는 뒷전인 구세대들이 마음에 들지 않았다. 이런 조광조의 행보를 김전, 남곤 등의 훈구 세력들은 걱정스런 마음으로 지켜보고 있었다.

그러던 어느 날이었다.

"정승 중에 한두 사람만 현명한 이가 있어도 천자가 궁녀에게 빠지는, 옛 중국의 고사古事에서나 일어날 법한 일이 생기지 않을 것입니다. 이렇듯 대신들이 나랏일을 올바로 하려는 사람들에게 관심을 기울이지 못한다면 이는 중용中庸을 한다고 할 수는 없습니다. 지금 애써 중립을 취하는 이들도 있으나 결국 나라에 해를 주는 데 그칠 뿐입니다."

"뭐, 뭐라? 지금 무슨 소리를 하는 게요!"

조광조의 석강夕講이 있는 날, 그의 직격탄을 받은 대신들은 당황해하지 않을 수 없었다. 은연중에 궁중이며 조정에서의 문제점을 바로잡지 않고, 세력을 키우는 데만 힘쓰는 대신들을 추궁한 셈이었기 때문이다.

그때 중종이 나섰다.

"지금 조정에 어떤 인물들이 있는지는 알 수 없으나 만일 과인이 한 번이라도 도리를 잃는다면 그 틈을 타 소인들이 반드시 나타날 것이오."

낮지만 힘 있는 목소리로 중종이 그의 말을 옹호하자 비로소 조광조도 자신의 의견을 밝히고 나섰다.

"어떤 일의 옳고 그름을 의논하는 가운데 조금이라도 뜻에 맞지 않으면 반드시 반목하고 서로 헐뜯어 상하가 멀어지게 되니, 소신은 근래 재변이 자주 생기는 원인을 조정의 불화 때문이라고 생각합니다. 신은 이 땅에 태어나 큰일을 하고 싶으나 소인배들이 비방하고 헐뜯어 군자를 해치게 마련이니 조정이 화합하지 못하는 원인이 바로 여기에 있습니다."

"흠흠."

다른 대신들이 불쾌해하는 기색이 역력했다. 그날 석강을 마친 대신들은 불쾌한 낯빛으로 집으로 돌아가면서 투덜거렸다.

"세상이 온통 조광조의 것입니다. 조광조의 말 한 마디에 전하의 마음이 움직이니 말입니다."

"그래도 어찌하겠나. 전하의 마음이 그리 가 있는 것을."

"누가 아니랍니까. 이제는 홍문관과 사간원, 그리고 사헌부를 장악하고 나서도 성에 차지 않아, 현량과를 설치해 조광조의 무리들로 조정을 꽉 채우려고 합니다. 이게 모두 조광조가 뒤에서 전하를 움직인 게지요."

"아니, 어찌 세상일의 옳고 그름을 젊은이들만 알 수 있단 말인가. 허, 참."

조광조의 주장으로 실시된 현량과는 조정의 육조판서나 사헌부, 사간원 및 지방의 각 도 관찰사 등이 주위의 뛰어난 인물을 예조에 추천하게 해, 예조에서 추천된 사람들에 대한 자세한 조사를 하고 나서 왕이 참석한 자리에서 시험을 치러 학문과 덕을 고루 갖춘 사람을 뽑는 제도였다. 새로운 정치를 하려면 새로운 사람을 등용해야 한다는 것이 조광조의 생각이기도 했다.

그러나 전국에서 천거된 사람은 대부분 조광조와 뜻을 같이하는 사림들이었고 때문에 조정에서 조광조의 힘은 더욱 커졌다. 이에 대해 남곤 등 훈구 세력은 크게 반발했지만 검토한 지 한 달 만에 중종은 "시행해도 무방할 것이니 이를 속히 시행하도록 하라."는 전교를 내렸다. 결국 이번에도 남곤의 의견은 무시되고 만 셈이었다.

그로부터 얼마 후 조광조는 소격서 혁파 문제를 들고 일어났다. 소격서는 별에 제사를 지내고 기원하는 곳인데, 그 성격이 유가의 법도에 맞지 않기 때문에 조광조는 오래전부터 이를 폐지하려고 했다. 게다가 제물 마련에 대한 부담으로 백성들의 허리가 휘는 것도 큰 병폐였다. 그러던 중 사헌부와 사간원 양사의 관원 모두의 이름으로 합계를 올린 것이었다.

"전하, 도교는 이단의 하나입니다. 괴이하고 허황되며 세상을 속이고 하늘을 업신여겨 우리의 도를 심하게 해치고 있습니다. 조금이라도 식견 있는 사람이라면 누군들 그 뿌리를 잘라버리려 하지 않겠습니까!"

소격서 혁파 문제에는 언제나 신중했던 정승들도 적극 동의했다. 대신들도 마찬가지였다. 심정 등도 명분이 뚜렷했으므로 마지못해 찬성했다. 조광조는 모처럼 정승과 대신, 대간들 모두에게 동의를 받아 중종을 압박했다. 그러나 이번에는 중종이 내키지 않아 했다.

중종은 "조종조에서 하시던 일이니 나로서는 가볍게 고칠 수 없다."고 버텼지만 사방으로 포위된 형국이어서 고단하고 외로웠다. 조광조가 원망스럽기까지 했다. 이 일로 중종은 조광조에 대해 조금씩 거리감을 느끼기 시작했다. 왕권을 강화하고자 조광조의 의견을 받아들인 것이었는데 이제는 그가 왕권에 도전하고 있는 형국이었다.

그럼에도 1519년(중종 14) 조광조는 서른여덟 살의 젊은 나이로 정2품 대사헌의 자리에 올랐다.

"전하, 공신록을 바르게 고쳐야 하옵니다."

"허. 이번에는 무엇 때문이오?"

"정국공신에 봉해지긴 했으나 반정에 아무 힘도 쓰지 않은 자들이 있습니다. 전하, 다시 조사해서 참과 거짓을 가리소서."

중종은 한숨을 내쉬었다.

"이미 지난 일이다. 게다가 여러 번 거론된 일이고. 다시는 들추지 말라."

"하지만 전하, 이 일이 여러 번 거론되었다는 것은 그만큼 중한 사안이기 때문입니다. 이 때문에 실로 무궁한 폐단이 있었으니 이제라도 바로잡아야 합니다."

중종은 참으로 난감했다. 하지만 조광조의 얼굴에서는 죽을지언정 물러서지 않겠다는 결연한 의지가 보였다. 게다가 훈구 세력이었던 정광필까지 동조하고 나섰다. 이처럼 훈구파의 위세는 점점 꺾여가고 있었지만 조정은 마치 언제 터질지 모르는 화약고 같았다. 그럼에도 조광조의 개혁의 서릿발은 좀체 잦아들 기미가 보이지 않았다. 그는 자신에게뿐 아니라 타인에게도 엄격했다. 시비를 분명히 가렸고 다른 사람의 허물을 감싸 주기보다는 들추고 직언하곤 했다. 가장 대표적인 것이 남곤에 대한 공격이었다.

그날도 대신들은 조정에 모여 정국공신을 조정하는 문제를 논의하는 중이었다.

"예조판서 남곤은 어찌 자리에 없는가?"

조광조가 물었다.

"영릉(세종대왕릉)의 제향에 쓸 향목이며 축문을 받들고 가는 사신의 자격으로 여주에 갔다 하옵니다."

내관이 알려왔다.

"아니, 온 조정이 정국공신 문제로 떠들썩한데 꼭 예조판서가 거기까지 직접 갔어야 했단 말이오?"

"아무래도 오늘 이 자리를 피하기 위함이 아닌가 합니다."

옆에 있던 대신이 속삭였다.

"무엇이라고! 재상의 마음이 어찌 그같이 사특할 수가 있는가! 내가 예판의 시비를 분명 가리고 말리라."

조광조가 버럭 고함을 지르며 탁자를 내려쳤다.

그 소식을 전해 들은 남곤은 이를 부드득 갈았다.

"내, 기필코 이 치욕을 되갚고 말리라. 조광조 이놈!"

중종은 결국 끈질긴 조광조의 요구를 받아들여 잘못 선정된 공신 70여 명의 지위를 빼앗았다. 이미 삭훈된 12명을 포함하면 공신 자리를 빼앗긴 이는 88명이나 되었다. 결국 29명만 정국공신으로 남게 된 것이다. 이를 '위훈삭제 사건'이라 한다. 신진 사림들은 기뻐하며 새 세상이 온 것처럼 떠들었다.

그러나 수세에 몰리던 훈구파는 마침내 조광조를 몰아낼 생각을 하게 되었다. 특히 위기를 느낀 남곤과 심정 등은 은밀한 계획을 세우게 되었다.

기묘사화

남곤과 심정 등은 그들의 계략에 희빈 홍씨의 아버지 홍경주를 끌어들였다. 그 후 홍경주는 전에 없이 궁중에 자주 드나들었으며 희빈 홍씨는 자연스럽게 아버지로부터 들은 여러 가지 세상 이야기를 중종에게 전해 주는 역할을 담당하였다.

그러던 어느 날 대궐 안뜰을 거닐던 희빈이 나뭇잎 한 장을 따 와 중종에게 바쳤다. 나뭇잎에는 네 글자가 뚜렷이 새겨져 있었다.

"주초위왕走肖爲王이라……."

벌레가 갉아먹은 자리가 그대로 글자가 되어 있었다. 중종은 그것을 보며 공포감을 느꼈다. 얼굴색이 변했고 급기야 손까지 부들부들 떨기 시작했다.

"……주走와 초肖를 합하면 조趙가 아닌가. 그렇다면 조씨가 왕이 된다는 뜻이 아니냐. 이것은 하늘이 미리 나에게 알려 경계를 함이니라. 과인이 조광조 무리의 세력을 너무 키워 결국 화근을 만들었구나……."

《선조실록》권2, 선조 원년 1568년 9월 정묘일(21일)을 보면, "당초에 남곤이 조광조 등에게 교류를 청했으나 그들이 허락하지 않자 이에 유감을 품고 조광조 등을 죽이려 했다. 이리하여 나뭇잎의 감즙을 발라 갉아먹게 하기를 마치 한나라 공손인 병기의 일처럼 자연적으로 생긴 것처럼 했다. 남곤의 집이 백악산 아래 경복궁 바로 뒤에 있었는데 자기 집에서 벌레가 갉아먹은 나뭇잎을 물에 띄워 대궐 안의 어구御溝로 흘려보내어 중종이 이를 보고 매우 놀라게 한 후, 고변해 화를 조성했다. 이 일은《중종실록》에 누락된 것이 있기 때문에 여기에 대략 기록한다.”고 쓰여 있다.

이는 중종에게 조광조 일당을 제거할 좋은 빌미를 주었다. 게다가 조광조 일당이 붕당을 만들고 중요한 자리를 독차지하여 왕을 속이고 국정을 어지럽혔으니 그 죄를 바로 잡아달라는 훈구파의 성화도 이만저만이 아니었다.

1519년(중종 14) 11월 16일, 마침내 서릿발 같은 어명이 떨어졌다. 곧 대사헌 조광조를 비롯해, 부제학 김구, 대사성 김식, 승지 유인숙, 홍언필 등 젊은 사림들이 잡혀왔다.

당시 탄핵추관彈劾推官이었던 김선, 이장곤, 홍숙 등이 중종에게 상언한 사림파에 대한 죄목은 이러하다. “조광조, 김정, 김식, 김구 등 사림파는 서로 붕비朋比를 맺어 저희에게 붙는 자는 천거薦擧하고 뜻이 다른 자는 배척해 국론國論이 전도되고 조정이 날로 글러가게 하매 조정에 있는 신하들이 그 세력이 치열한 것을 두려워해 아무도 입을 열지 못했으니 그 죄는 다 참斬하고 처자를 종으로 삼고 재산을 관에 몰수함이 옳습니다.”

뒤늦게 소식을 듣고 달려온 영의정 정광필과 우의정 안당은 조광조 등에게 죄가 없다고 아뢰었다.

“전하, 조광조 등은 다 젊은 사람이니 이는 어설프고 곧기만 한 소치인데 어찌 중한 죄를 줘야 마땅하겠습니까?"

"임금이 살육의 꼬투리를 열면 국가의 기맥이 크게 상할 것이니 부디 깊이 생각하시옵소서."

그러나 한 번 사태를 의심하기 시작한 중종의 마음을 돌릴 수는 없었다. 조광조, 김정, 김구, 김식을 사형에 처하고, 그들의 처자는 노비로 삼으며, 재산은 몰수한다는 결정이 내려졌다. 그날 오후, 성균관 유생들은 대궐 문 앞에 몰려와 통곡하며 조광조 등이 죄가 없다고 외쳤다.

이튿날, 조광조의 처벌에 반발해 대간들이 모두 사직상소를 올렸다. 중신들 중에도 몇 사람은 이들을 구하기 위해 무던히 애를 썼다. 그러자 중종도 조금 마음이 누그러져 참형은 거두었다. 조광조는 능주로 귀양 보내졌다.

그러나 조광조를 과격한 사람, 위험한 인물로 여기는 훈구 세력들은 그가 살아 있는 한 마음을 놓을 수가 없었다. 특히 남곤은 조광조를 살려 두어서는 안 된다는 상소를 계속해서 올렸다. 마침내 조광조에게는 사약이 내려졌고 김정, 김식, 김구는 외딴 섬으로 다시 유배되었다.

1519년(기묘년) 중종 14년 12월 20일.

"도대체 나의 죄명이 무엇이오?"

의금부도사가 사약을 가져오자 조광조가 이렇게 물었다. 도사는 아무런 대꾸도 하지 않았다. 조광조는 뜰로 내려와 북쪽을 향해 두 번 절을 하고 시 한 수를 지었다.

임금 사랑하기를 아버지 사랑하듯 하였고愛君如愛父

나라 근심하기를 가족 근심하듯 하였노라憂國如憂家.

밝은 해가 천하를 내려다보고 있으니白日臨下土

사심 없는 이내 충정을 환하게 비추리라昭昭照丹衷.

그리고 나서 무릎을 꿇은 후 사약을 마셨다. 그러나 너무 젊었던 탓인지 숨이 끊어지지 않았다. 포졸들이 목을 묶으려 하자 그는 옆에 있던 독약을 탄 술을 더 마시고 피를 쏟으며 죽었다. 이것이 기묘사화의 전말이다.

기묘사화는 중종의 전폭적인 지원 아래 전면적인 국정 개혁을 추진하던 기묘사림이 하룻밤 만에 실각한 사건이다. 이를 계기로 정치 세력은 일거에 역전되었고 삼사는 위축되었다.

너무 이른 개혁

조광조가 권력의 핵심부로 진출하면서 조정에 모인 사람을 기묘사림이라고 한다. 이들은 위훈삭탈과 현량과 실시로 개혁을 추진하면서 대신들과 첨예하게 대립했다. 그러나 궁극적으로는 대신들이 중심이 되는 정치를 지향했다. 이를 위해 오히려 대신 개인의 도덕성과 학문을 더욱 날카롭게 평가했다고 봐도 좋을 것이다.

기묘사림과 그들이 추진한 개혁은 조선 역사상 가장 급속하고 과감한 개혁이었다. 대부분 나이가 젊었고, 빠른 시간 내에 권력의 핵심부에 진출했으며, 정치적 사안을 근본적으로 개혁했지만, 그만큼 실각도 빨랐다.

이들이 그렇게 빨리 실각한 이유는 무엇일까? 아마도 삼사의 과도한 권한을 제어하기 위한 중종의 구상으로 보는 것이 타당할 것이다. 나무가 너무 곧으면 쉬 부러진다고 했던가? 개혁의 지지 세력이 충분히 구축될 때까지 기다리지 못하고 너무 성급하게 개혁을 서두르다 실패한 것이다.

조광조는 결국 선조가 즉위하고 나서 얼마 후에 영의정으로 추증되어 문묘에 배향되었다. 조선조 중기에 태어나서 채 이상을 펴지 못하고 서른여덟 살의 나이로 세상을 등졌지만 그의 이상정치는 후세의 귀감이 되었다.

퇴계 이황도 "정암은 타고난 성질이 신실하고 아름다우나 학문이 충실치 못했다. 그래서 그가 시행한 정치적 사안들은 사리에 지나쳐 합당하지 않은 측면이 있었다. 그러므로 마침내 일이 실패하는 데 이르고 말았다. 만약 학문이 충실하고 덕성과 재능이 성취된 후에 나아가 정사를 담당했다면 어디까지 나아갔을지 쉽게 헤아리기 어렵다."고 했다.

율곡 이이도 "그는 어질고 밝은 자질과 나라를 다스릴 재주를 타고났음에도 학문이 채 이루어지기 전에 정계에 나선 결과 위로는 왕의 잘못을 바로잡지 못하고 아래로는 구세력의 바람도 막지 못했다. 그는 도학을 실천하려고 왕에게 왕도를 이행하도록 간청했으나 그를 비방하는 입이 너무 많았고, 비방의 입이 한번 열리자 결국 몸이 죽고 나라도 어지럽게 했으니 후세 사람들이 그의 행적을 경계로 삼는다."라고 했다.

기묘사화를 일으킨 간적

초기에는 조광조와 같은 길에서 출발했으나 종당엔 서로의 목숨을 앗아갈 관계로 치달았던 남곤. 그는 중종반정 이후에는 공신으로 권력의 정점까지 오른 인물이다. 또 뛰어난 문장력으로 국문학사에 크게 언급되는 인물이기도 하다. 그는 개국 공신이었던 재在의 후손이며 곡산군수를 지낸 치신致信의 둘째 아들로 밀양에서 태어났다.

일찍이 김일손 등과 함께 김종직 문하에서 배워, 1489년(성종 20) 열여덟의 나이로 생원, 진사시에 모두 합격한 뒤, 1494년(성종 25) 문과에 올라 관직에 올랐는데, 처음 맡은 일은 역사의 기록이 될 사초를 꾸미는 일이었다.

성종이 승하하고 연산군이 즉위하자 남곤은 사간원정언을 거쳐, 김전, 신용개 등과 함께 사가독서賜暇讀書로 실력을 길러, 부제학을 거쳐 좌부승지로 승진했는데, 그때까지만 해도 아직 연산군이 비뚤어지기 전이라 남곤의 앞길은 매우 순탄해 보였다. 그러나 연산군 10년 갑자사화 때 남곤은 김종직의 문하생이었다는 이유로 서변에 유배당하고 말았다.

남곤은 큰 죄가 없어 곧 풀려나기는 했으나, 김종직의 제자라는 꼬리표 때문에 출세와는 거리가 멀어진데다가 부모상까지 당해 우울한 나날을 보내고 있었다. 이 무렵 그를 돕는 듯한 사건이 터졌다. 서얼

출신의 박경朴耕, 김공저金公著가 일으킨 모반 사건이 결과적으로 남곤의 운명을 바꾼 것이다. 글은 익혔으나 신분 때문에 출세길이 막힌 박경 등이 여러 유생들을 규합하여 중종반정의 공신으로 호사를 누리는 박원종 등과 무오사화의 장본인인 유자광을 조정에서 쓸어 내야 한다며 모반을 획책하였던 것이다.

그런데 이 모임에 함께 가담했던 공조참의 유숭조柳崇祖가 일이 어긋날 것 같은 예감이 들었는지 갑자기 태도를 바꾸어 남곤을 찾아가 밀고할 것을 논의했다. 남곤도 대략은 기미를 알았던 터라 쉽게 수긍하는 척하며 겉으로 유숭조를 치켜세우고, 내심으로 알짜배기 공은 혼자 차지할 흉계를 꾸몄다.

유숭조는 이튿날 정원에 나가 어설프게 박경 일당의 음모를 폭로했다. 그러나 이미 남곤이 한발 앞서 심정, 김극성金克成 등의 중신들과 사건 전말을 구체적으로 글을 지어 올렸다.

이에 박경 일당은 일망타진되었고 남곤에게 기선을 빼앗긴 유숭조는 처음부터 알리지 않았다는 불고지죄를 덮어쓴 채 거제도로 귀양을 가게 되었다. 이리하여 다른 사람을 이용하여 출세길을 개척한 남곤은 일약 이조참판으로 기용되었다. 그리고 이후 대사헌, 호조, 병조, 이조, 예조의 판서, 우참찬, 대제학, 우찬성 등 권력의 요직을 두루 거치며 승승장구했다. 결국 심정 등과 조광조 일파를 내치는 기묘사화를 꾸미는 데 큰 역할을 한 뒤 좌의정을 거쳐 쉰셋의 나이로 영의정 자리에 올랐다.

1527년(중종 22) 2월, 남곤은 병을 얻어 관직에서 물러났다가 다음 달 죽음을 맞이했다. 그의 나이 쉰일곱이었다. 사관들은 남곤에 대해 이렇게 기록하고 있다.

남곤은 문장이 대단하고 필법 또한 대단히 아름다웠다. 평생 화려한 옷을 입지 않았으며, 산업을 경영하지 않았다. 재주가 뛰어나고 지론持論이 올바른 것 같았다.

임종 시에 평생 동안의 초고를 모두 불사르고 자제들에게 "내가 허명으로 세상을 속였으니, 너희들은 부디 이 글을 세상에 전파시켜 나의 허물을 무겁게 하는 일이 없도록 하라. 내가 죽은 뒤 비단으로 염습하지 마라. 평생 마음과 행실이 어긋났으니 부디 시호를 청하지 말고 비석도 세우지 마라."고 유언했다. 기묘년에 그가 심정 등과 모의한 후 임금의 처소에 들어가 임금을 놀라게 해 사람을 거의 다 죽이거나 유배 보냈지만, 그의 행적이 노출되지 않았으니 그 재주를 따를 수 없다 하겠다.

기묘사화를 일으킨 장본인으로서 만년에 자신의 죄를 자책한 것을 보면 그가 비열한 사람이었던 것은 사실인 듯하다. 하지만 비록 만년이지만 후회를 하고 자신의 글로 인해 화를 당할까 염려해 제자들에게 당부한 것을 보면 양심까지 없는 사람은 아니었던 것 같다.

또한 조광조가 사약을 받아 들이키고도 숨이 끊어지지 않자 나졸들이 목을 조르려 할 때 이를 뿌리치고 약을 한 사발 더 청해 마시고 숨을 거두었다는 정황을 전해 듣고, 남곤이 진심으로 양심에 걸려 목을 놓고 통곡했다는 이야기도 전한다. 그는 뇌물을 멀리했고, 차림도 수수했다. 뛰어난 문장력 덕분에 외교문서를 전담했고, 영의정으로서 국정도 무난하게 이끌었으며, 정치 수완도 뛰어났다.

그래서인지 윤근수尹根壽가 쓴 《월정만록月汀漫錄》에는 남곤을 다소 두둔하는 글이 남아 있다.

남곤은 간사한 자라는 낙인이 찍혔다. 그는 중종 때 영상으로 기묘사화를 꾸몄다 한다. 그러나 그는 신진 사류들이 원로대신들을 업신여기며 자기들만이 잘한다는 바람에 사류를 꺾으려고 한 것이다. 처음에는 사류들을 죽이려고 하지 않았는데, 자꾸 반항하므로 결국 없애고 말았다.

남곤은 본부인에게서 딸만 셋, 측실에게서 아들 딸 한 명씩을 두었다. 경기도 남양주군 별내면에 남곤의 묘지에는 그의 외손자인 도총관 송인宋寅이 쓴 묘비가 있다. 송인은 중종의 딸 정순옹주와 혼인했으므로 남곤은 임금과도 혼맥이 있었던 셈이다.

남곤은 죽음에 이르러 문경공文敬公 시호를 받았으나, 1558년(명종 13) 관직과 함께 삭탈당하고 말았다. 생전의 화려했던 벼슬이 죽어서 천추에 욕만 남긴 셈이 되었다. 또 10년 후인 1568년(선조 원년)에는 기묘사화를 일으킨 그에 대해 이황과 송순宋純 등의 주청으로 간적奸賊으로 평가되었으며, "사림의 분개하는 마음을 시원하게 하라."는 선조의 명으로 시호를 포함해 삭탈관직을 당한 후, 신원되지 못하고 현재까지도 역사 이래 최고의 소인으로, 또 간신으로 지탄받고 있다.

마지막으로 그가 지은 선시禪詩 한 수를 음미해 본다.

뜰 앞의 잣나무는 의젓이 늘어서서庭前柏樹儼成行
하루 종일 우뚝한 그림자가 회랑을 도네朝暮蕭森影轉廊.

서쪽에서 조사가 온 뜻을 물으려 하니欲問西來祖師意

북승산 신령한 바람이 서늘한 기운을 보내오네北山靈風送凄凉.

조선을 만든 사람들

3

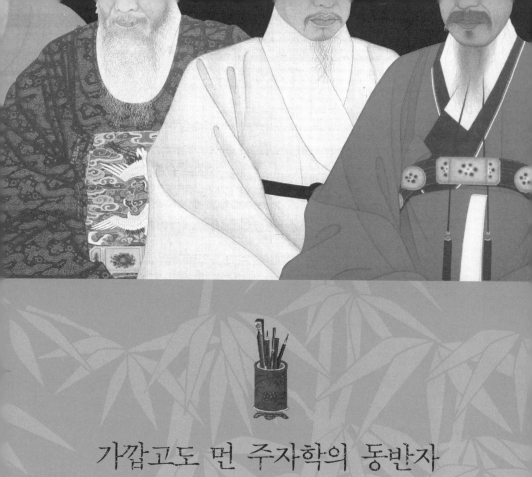

가깝고도 먼 주자학의 동반자

퇴계 이황 vs. 남명 조식

창호지 문 밖으로 꽃내음이 풍겨왔다. 봄을 맞아 사방이 꽃들로 가득했다. 밤이 깊어지면서 꽃내음은 더욱 진해졌다. 하지만 방 안의 분위기는 어둡고 무거웠다.

퇴계는 편지 한 통을 책상 위에 두고 깊은 생각에 빠져 있었다. 남명 조식으로부터 온 것이었다. 달포쯤 전에 그는 남명에게 편지를 썼다. 이제 그만 세상 밖으로 나와 뜻을 펼쳐 보라는 권유의 편지였다. 만난 적은 없었지만 주변에서 들려 오는 그의 성품과 학식이 지금의 조정에 꼭 필요한 인물이라 여겨졌기 때문이었다.

"무슨 내용입니까, 아버님."

둘째 아들 채寀가 책상 앞으로 다가왔다.

"나가면 하는 바가 있어야 하고, 물러나면 지킴이 있어야 한다. 아직도 관직에 나올 때가 아니라는 뜻이로구나. 허헛."

퇴계는 허탈한 듯 말꼬리를 흐렸다.

"그것 보십시오. 제가 미리 말씀드리지 않았습니까. 소용없는 일이라고요. 남명 선생은 관직에 나올 뜻이 없다 하더이다."

채가 뾰족하게 되받았다.

"지금이 하는 바가 없는 나감이라고 생각하느냐?"

퇴계는 쓸쓸한 얼굴로 아들을 바라보았다. 채는 갑자기 아버지가 부쩍 나이 든 것처럼 느껴졌다. 수많은 조정의 부름에 한사코 사양하다 마침내 거절하지 못하고 조정에 나가 정사를 처리해 온 아버지였다. 아들은 아버지야말로 그저 고향에서 제자를 기르고 학문을 연구하고 싶어 한다는 걸 잘 알고 있었다. 이런 아버지의 간청에 조식이란 인물이 두 번씩이나 거절을 해 온 것이다. 채는 그것에 더욱 화가 났다.

"마음에 두지 마십시오. 평양감사도 본인이 싫으면 그만이라고 했습니다. 게다가 나가면 하는 바가 있어야 한다니, 아니 그럼 지금의 조정대신들은 모두 하는 일이 없다는 겁니까? 고약할 뿐입니다."

"허나 그의 말이 일리 있다는 게 더 가슴 아프구나. 얼마나 더 기다려야 우리 사림들이 마음껏 백성을 다스릴 수 있는 세상이 될는지. 허나 나는 한 번은 더 권해 볼 생각이다. 나 역시 고향으로 내려가고 싶은 마음뿐이니 이 분의 마음을 어찌 모르겠는가."

퇴계는 온화하게 미소를 지었다.

"감히 아버님의 청을 거절한 사람이옵니다."

"허나 나는 이 분이 마음에 드는구나. 뜻이 같으니 친구가 될 수도 있었으련만. 흠, 인재는 쉽게 얻어지지 않는다. 지필묵을 이리 주거라."

"아버님!"

"어허."

퇴계는 손을 휘저었다. 채는 말을 계속 하려다가 멈추었다. 늘 온화하고 조용한 성품을 가진 아버지였지만 도저히 다가설 수 없는 기품 또한 지닌 분이었다.

임금을 요순처럼 받들고 백성에게 요순의 덕택을
입히려는 것은 군자의 뜻이긴 하나
당시의 사세와 역량을 헤아리지 않고서 할 수 있겠는가.

● 역락서재 현판 : 퇴계 이황이 손수 쓴 도산서원의 현판.

이황李滉, 1501∼1570년

자는 경호景浩 또는 계호季浩. 호는 퇴계退溪. 시호는 문순文純. 본관은
진보眞寶. 조선 중기 성리학을 체계화한 대표적인 성리학자. 이식李埴의
아들로 숙부 이우李堣 등에게《논어》등을 배웠으나 대부분의 시기를
특별한 스승 없이 독학했다. 1534년(중종 29)에 문과에 급제한 후 관직
을 계속 역임하여 1543년(중종 38) 성균관사성에 올랐으며 경연관으로
활약했다. 이어 단양군수, 풍기군수 등 지방관을 역임하고 1549년(명종
4) 백운동서원의 사액賜額을 청하여 허락받았다. 이 해에 고향으로 돌
아와 1553년(명종 8)부터 2년간 대사성을 지낸 것을 제외하고는 거의
관직에 나가지 않았고 도산서원 등에 은거하면서 학문 연구와 후진 양
성에 힘썼다. 1559년(명종 19)부터 7년간 기대승奇大升과 사단칠정四端
七情에 대한 논쟁을 벌이기도 했다. 이황의 학문은 주자朱子의 설을 계
승하여 이기론에서는 이선기후理先氣後, 이기이원론理氣二元論을, 심성
론에서는 이기호발설理氣互發說을 주장했으며, 수양론에서는 지행병진
知行幷進의 원리로서 경敬을 강조하였다. 그의 학문적 업적은 일본 주자
학의 발전에도 큰 영향을 미쳤다. 저서로는《계몽전의啓蒙傳義》,《주자
서절요》,《자성록》,《송계원명이학통록》,《심경후론》,《성학십도》등이
있다.

뜻은 이윤의 뜻을 가지고, 학문은 안자의 학문을 배운다.
나가면 하는 것이 있어야 하고
물러나면 지키는 것이 있어야 한다.

조식 曹植, 1501~1572년

자는 건중健中. 호는 남명南冥. 시호는 문정文貞. 본관은 창녕. 조선 중기
의 성리학자. 조언형曹彦亨의 아들로 문과에 합격하지 못하자 관직 진
출을 포기하고 성리학 연구에 전념했다. 1538년(중종 33) 이언적李彦迪
의 추천으로 헌릉참봉에 임명되는 등 계속 관직이 제수되었으나 출사
하지 않았다. 1561년(명종 16)에는 지리산 덕천동으로 옮겨 산천재를
짓고 강학하였는데 이때 김우옹, 최영경, 정구, 정인홍 등이 찾아와 배
웠다. 1567년 선조가 즉위하자 무진봉사戊辰封事를 올려 서리망국론胥吏
亡國論 등 당시의 폐정을 비판하기도 하였다. 사후에 광해군 때 북인이
집권하면서 영의정으로 추증되었다. 학문은 성리학에 기초하였으나 노
장사상과 불교 등에도 포용적이었으며 경敬과 의義를 학문의 중심으로
삼고 하학이상달下學以上達을 주창하여 실천을 강조했다. 그의 학문은
정인홍 등에게 계승되어 대북세력의 이념이 되었다.

이황과 조식은 조선 중기 도학자로 이름을 떨친 사람들이다. 두 사람은 같은 경상도에서 같은 해에 태어나 비슷한 나이를 살았고 제자들을 길렀다. 그러나 두 사람은 평생 만나지 못했으나 때로는 서로를 이해하고, 때로는 갈등을 겪고, 때로는 비판하면서 세월을 보냈다.

특히 두 사람은 출사 문제에 있어 첨예한 차이를 보였다. 이황이 젊은 나이에 과거에 급제해 37년간이나 관직 생활을 한 데 반해 조식은 벼슬을 단념하고, 13차례나 벼슬이 내려졌으나 모두 거절했다. 퇴계는 기묘사화의 교훈을 거울삼아 기득권 세력인 훈구파를 거스르지 않으면서 사림 세력을 키우고 국왕을 성학으로 인도하기 위해 출사할 만하다고 여긴 반면, 조식은 문정왕후나 윤원형이 집권하고 있는 세상에 나가 봐야 뜻을 펼 수 없다고 여겨 끝까지 출사하지 않았다.

이황이 관직에 나아가 세상을 바로잡으려 했다면 조식은 재야의 지식인으로 남아 객관적이고 공정한 눈으로 현실정치를 비판하려고 했다.

두 사람은 서로의 인품과 명성을 익히 알고 있었지만 만날 기회는 없었다. 1553년(명종 8), 숨은 인재를 찾아 등용하려는 임금의 뜻에 따라 성균관 대사성으로 있던 이황은 조식에게 조정으로 나올 것을 간곡하게 권유했지만 조식은 눈병을 핑계로 거절한다. 이황과 조식은 이렇게 평생 여러 차례의 편지를 주고받았다.

죽을 때까지 두 사람의 사이는 좁혀지지 않았다. 그렇지만 당시의 명망 있는 학자들이 양쪽의 문하를 두루 드나들었고 제자들도 서로 교류했던 까닭에, 조선 성리학의 발전을 꾀하게 된 것이다.

한미한 집안을 일으키고자

퇴계 이황은 1501년(연산군 7) 음력 11월 25일에 경상도 예안현 온계리(지금의 안동시 온혜동)에서 아버지 진사 이식과 어머니 춘천 박씨 사이에서 넷째로 태어났다. 아버지 식은 먼저 의성 김씨에게 장가를 들어 아들 셋과 딸 하나를 두었는데, 아들 하나는 성년이 되기 전에 세상을 떴고 의성 김씨도 스물아홉의 젊은 나이로 일찍 죽었다. 그래서 춘천 박씨를 재취로 얻어 퇴계를 낳은 것이다.

그런데 퇴계가 태어난 지 겨우 일곱 달 만에 당시 마흔이던 아버지마저 세상을 떠났다. 아버지가 7남 1녀를 두고 죽자 생계는 어머니 박씨의 차지가 되었다. 이때 겨우 맏이인 잠潛만 장가를 갔을 뿐 나머지 자식들은 혼인 전이어서 박씨의 책임은 더욱 무거웠다.

하지만 박씨는 농사를 짓고 누에를 쳐 생계를 이어나가면서도 자식들을 교육시키는 데는 남다른 열정을 쏟았다.

"세상 사람들이 모두 과부의 자식은 배운 게 없다고 비웃곤 한다. 만약 너희들이 글공부에 남들보다 백 배는 더 힘쓰지 않는다면 어찌 이런 비웃음을 면할 수 있겠느냐?"

"알겠습니다. 어머니."

비록 박씨는 많이 배우지는 못했지만 교양 있고 총명해 자식들을 잘 교육했다. 이런 어머니의 바람을 잘 아는 이황은 둘째 형인 해澄와 함께 문과에 급제해 벼슬길에 올랐다. 박씨는 두 아들에게 이렇게 일렀다.

"문예만 힘쓰지 말고 몸가짐을 단정히 하되, 현감 이상은 하지 말고 절대 교만하지 마라."

이러한 어머니의 가르침은 퇴계가 대학자로 성장하는 데 큰 밑거름이 되었다.

퇴계의 집안은 6대조인 시조 석碩이 고려 말 진보의 현리를 지냈고, 사마시에 합격해 생원이 되면서 양반으로 진출할 발판을 마련했다. 그 아들 자수自修는 고려 말에 명서업明書業에 합격해 유비창주부, 지춘주사 겸 권농방어사, 판서운관사를 거쳐 통훈대부 판전의사에 올랐으며 정세운鄭世雲을 따라 홍건적을 토벌하는 데 공을 세워 송안군松安君에 봉해졌다. 드디어 진성 이씨가 상경종사하게 된 것이다. 이때 자수는 본관지를 떠나 더 넓은 마라촌으로 이주했다. 그의 아들이 그곳의 토착 세력인 안동 권씨 희정希正의 딸과 혼인해 경제적 기반까지 튼튼해졌다. 운후云候는 음직으로 군기사부정을 지냈으며 풍산을 떠나 다시 주촌으로 이주했다.

운후의 아들 정槇은 영변판관, 지한산군사, 선산부사를 거쳐 1465년(세조 12)에 좌익원종 공신 3등으로 녹훈되어 불천위에 모셔졌다. 훈구파로 편입된 것이다. 그리하여 1600년에 나온 《진성이씨족보》 초간본은 사실상 정의 후손 중심으로 구성되어 있다. 이때부터 진성이씨가 안동 지역사회에서 기반이 확고해진 것 같다.

정은 아들 셋을 두었는데 셋째 아들 계양이 바로 퇴계의 할아버지다. 그는 1453년(단종 1)에 진사시에 합격했으나 온혜에 정착해서 문호를 열었다. 계양은 아들 둘을 두었는데 맏아들 식植이 퇴계의 아버지이다. 식은 여러 번 과거에 응시했으나 진사시에 장원하는 것으로 만족해야 했고, 일찍 세상을 떴기 때문에 크게 성공하지 못했다. 그러나 동생 우堣는 생원시에 합격한 후 문과에 급제해 승문원권지부정자, 예문검열, 성균전적, 이조좌랑, 병조좌랑, 동부승지를 거쳐 1506년(연산군 12)에 중종반정이 일어난 후 정국공신 3등에 녹훈되었으며 청해군靑海君에 봉해졌다.

퇴계의 둘째 형인 해瀣도 문과에 급제해 요직을 두루 거쳤다. 그러나 관찰사로 있을 때 사민俟民 최하손을 사형시킨 일이 있었는데 후일 그 일로 이홍남의 모함을 받아 갑산으로 유배가는 도중에 양주에서 죽었다. 그가 대사헌으로 있을 때 이기李芑를 탄핵한 일이 있었는데 이 일로 이기가 앙심을 품고 이홍남을 사주해 그를 공격한 것이다.

이러한 가족들의 정계 진출은 퇴계 가문이 현달하는 데 큰 계기가 되었다.

도연명을 좋아하던 소년 문사

퇴계가 글을 읽기 시작한 것은 여섯 살 때부터이다. 처음에는 이웃에 사는 노인에게 천자문을 배웠다. 아침이면 반드시 세수하고 옷매무새를 단정히 하고 그 노인의 집으로 가서 울타리 밖에서 전날 배운 것을 두어 번 외운 다음 들어가 가르침을 받았다. 그저 한 동네에 살고 있는 노인이었음에도 마치 엄한 스승을 대하듯 공손히 고개를 숙이고 엎드려 가르침을 받았다.

열두 살 되던 무렵 형인 이해와 함께 숙부 이우에게 《논어》를 배웠다. 그는 1권을 마치면 1권을 완전히 외우고 2권을 마치면 2권을 완전히 외웠다. 이렇게 계속하자 3권이나 4권을 읽을 때는 통쾌하게 깨닫는 것이 있었다.

"무릇 일의 옳은 것이 이理입니까?"

퇴계가 이렇게 묻자 숙부는 기뻐하며 말했다.

"네가 이미 글의 뜻을 깨우쳤구나. 너는 장차 크게 될 것이니 부지런히 학문을 하도록 하거라."

그는 글 읽기를 좋아할 뿐 아니라 사색하기를 즐겼는데, 사람이 많이 모인 자리에서도 벽을 보고 앉아 혼자 골똘히 생각하기를 좋아했다. 특히 도연명陶淵明의 인품과 시를 좋아했다. 이는 후에 퇴계가 자연을 사랑하고 은둔하며 학문에만 열중하려는 생활 태도에 큰 영향을 미쳤다. 열일곱 살 되던 해 숙부가 세상을 뜬 후부터는 거의 독학으로 공부했다. 밤낮없이 공부를 하는 바람에 몸에 무리가 와서 병이 생기기도 했다.

퇴계는 1519년(중종 14)에 현량과賢良科 전시에 응시했는데 이즈음 《성리대전》 가운데 《태극도설》을 읽게 되었다. 퇴계는 이 책을 읽으면서 자신도 모르게 마음이 즐겁고 눈이 열려 오래 읽을수록 그 의미를 깨닫게 되고, 그 안으로 들어가는 길을 알 수 있는 것 같다고 했다. 이것이 퇴계가 도학道學에 눈뜨게 된 계기가 되었다. 그래서 퇴계는 제자들에게 자신에게 첫 깨달음을 준 《태극도설》을 가장 먼저 가르쳤다.

스물한 살에 영주의 부자였던 김해 허씨와 혼인한 후 과거시험을 보기 위해 서울로 올라왔으나 연거푸 세 번이나 낙방하고 말았다. 그러다가 스물일곱에 경상도 향시에서 진사 1등, 생원 2등에 합격했다. 이후 성균관에 유학하면서 경상좌도 향시에 1등으로 합격했다. 당시 그가 작성한 답안은 아직도 남아 있다. 이때 남명 조식은 경상우도 향시에서 2등으로 합격했다.

그 후 그는 승진에 승진을 거듭해 두루 요직을 거치며 승승장구했으나 마흔세 살이 되면서부터는 관직을 사퇴하려고 했다. 《주자대전》을 정독하고 도학道學에 경도되었기 때문이다. 이렇게 중요한 일(도학 공부)을 두고 허송세월을 할 수 없다는 이유였다. 또한 퇴계는 중종이 《주자대전》을 간행하라고 했을 때 그 교정을 전담하다시피하며 더운 여름 종일토록 앉아서 교정을 했다.

"아이고, 이 복중에 병이라도 나시면 어쩌시렵니까. 부디 쉬엄쉬엄 하십시오."

주위 사람들의 걱정이 이어졌지만 퇴계는 몸을 움직이지도 않은 채 이렇게 대꾸했다.

"이 책을 읽으면 가슴이 뻥 뚫린 것처럼 시원해져서 날이 더운지 어떤지도 알지 못하는데 병은 무슨 병입니까?"

어려서부터 학문에 뜻을 두었으나 벼슬을 하게 되면서부터 도학에 전념할 수 없었던 것을 아쉬워하던 퇴계는 이 무렵부터 관직을 내놓고 집중적으로 도학을 공부해야겠다고 결심했다. 《주자대전》의 교정은 그 계기가 되었다.

그는 계속 관직에서 물러나겠다는 의지를 보였으나 중종은 사림정치를 표방한 만큼 퇴계와 같은 학식과 도덕을 갖춘 학자를 옆에 붙들어 두고 싶어 했다. 그래서 상소가 올라올 때마다 휴가를 주어 무마시키곤 했다.

당시 조식에게 보낸 편지를 살펴보면 퇴계의 생각을 잘 알 수 있다.

제가 어려서부터 옛것을 좋아하는 마음을 가지고 있었으나 집이 가난하고 주변이 권하므로 과거를 거쳐 벼슬길에 나왔습니다. 하지만 이제 병이 더욱 깊어지고 스스로 세상을 위해 꾀할 바가 아니라는 사실을 깨달아 비로소 머리를 돌려 조용히 앉아 더욱 옛 성현의 글을 읽었습니다. 이제 각오를 다져 길을 바꾸어 노년의 할 일을 거두고자 관직을 그만두고 산중에 들어와 장차 그 이르지 못한 것을 더 구하고자 했습니다. 하늘의 뜻에 힘입어 조금이라도 얻는 것이 있다면 이것을 모아 일생을 헛되이 보내지 않으려 했습니다.

이것이 제가 10년 동안 바라는 것이었는데 임금이 헛된 이름을 듣고 벼슬을 하라고 해서 계묘년부터 임자년까지 무릇 세 번이나 관직을 사퇴하고 또 세 번의 부름을 받았습니다. 그런데도 노병으로 관직마저 제대로 수행하지 못했으니 이러고도 그 이루는 것이 있기를 바라기가 어렵지 않겠습니까.

공부를 계속 하고 싶은 학자적 열망과 조정의 일을 처리해야 하는 책임감 사이에 고민하던 그는 조정으로 들어옴과 나감을 반복했고, 그러던 중 1553년(명종 8)에 명종의 부탁으로 남명 조식에게 편지를 보내 조정에 나올 것을 권유했다.

이렇게 편지를 쓰는 것은 임금이 어진 인재를 얻어 쓰고자 하기 때문입니다. 특명으로 6품관에 초서招敍하는 것은 실로 매우 드문 일입니다. 내가 가만히 생각해 보니 벼슬하지 않는다는 것은 의로움이 없는 것이니 대륜大倫을 어찌 가히 폐하겠습니까. 그런데도 선비가 혹 나가서 쓰이기를 어려워하는 것은, 다만 과거로서 사람을 혼탁하게 하고 잡되게 나아가는 길은 또 매양 낮게 보니 그 몸을 깨끗이 하고자 하는 선비들이 어쩔 수 없이 숨어서 나오기를 싫어하는 까닭입니다.

산림을 천거하는 것은 과거의 혼탁함도 아니요, 6품직을 초수招授하는 것은 잡되게 진출하는 더러움도 아닙니다. 같은 때 천거된 이로 이미 토산에 부임한 성수침이나 고령에 부임한 이희안 같은 사람도 있습니다. 이 두 사람은 다 옛날에 관직을 거절하고 높이 드러누워 생을 마감하려 한 이들입니다. 전에는 일어나지 않다가 지금 일어난 것이 어찌 뜻이 변해서라고 할 수 있겠습니까. 반드시 지금 스스로 나아감이 위로는 가히 성조의 아름다움을 이룰 수 있고, 아래로는 가히 자신의 온축을 펼 수 있기 때문에 그럴 것입니다.

……선생이 결국 나오지 않는 까닭은 무엇입니까?

하지만 남명이 나오지 않은 것은 나가서 일할 만한 분위기가 아니라는 데 있었다. 퇴계가 사림의 시대이니 아직도 위험 요소는 있지만 나갈 만하다고 본 것과는 달리 남명은 아직 분위기가 무르익지 않았다고 생각한 것이다. 결코 현실에 관심이 없어서가 아니었다. 남명은 나가면 하는 바가 있어야 하고出則有爲, 물러나면 지킴이 있어야 한다處則有守는 생각을 고수했다. 그러니 퇴계의 권유를 들을 리가 없었다.

남명이 거절의 편지를 보내자 퇴계는 다시 편지를 보냈다.

지난 여름 보내 주신 편지에 많은 가르침을 받았습니다. 편지에 벼슬에 나아가고 벼슬에 물러남의 도가 본래 가슴속에 정해져 있어서 능히 바깥일을 가까이 하지 않는다고 하니 말씀은 음미할 만합니다. 한 번 불러 이르지 않는 것도 오히려 드문데 하물며 두 번이나 불러도 확연한 데 있어서겠습니까. 그러나 세속은 이를 귀하게 여기는 사람은 항상 적고, 노하고 비웃는 사람은 항상 많으니 선비가 그 뜻을 지키는 것 또한 어렵지 않겠습니까.

그러나 세론의 아래 가난에 찌들고 이익에 홀려 동서로 쫓기는 사람은 진실로 뜻을 지키는 선비는 아니고 공사로 말미암아 비루한 사람들이 수립하는 것이 없음을 부끄러워하는 것입니다. 보내 주신 편지에 발운산을 찾는다는 것은 감히 힘쓰고자 하지 않습니다. 단, 제가 스스로 찾아보고 마땅히 돌아가 얻을 수 없으면 어찌 능히 공을 위해 발운산을 찾을 수 있겠습니까.

이는 남명이 눈병이 나서 사물을 제대로 볼 수 없으니 퇴계에게 발운산으로 고쳐달라고 한 비아냥거림에 답한 것이다. 그렇다면 남명은 어떤 편지를 보낸 것일까?

　다만 생각건대 공은 서각犀角을 태우는 듯한 명철함이 있지만 식은 동이를 이고 있는 듯한 탄식이 있습니다. 그런데 오히려 아름다운 문장이 있는 곳에서 가르침을 받을 길이 없군요. 게다가 눈병까지 있어 앞이 흐릿하여 사물을 제대로 보지 못한 지가 여러 해 되었습니다. 명공께서 발운산으로 눈을 밝게 열어 주시지 않겠습니까. 삼가 헤아려 주시기 바랍니다.

나아갈 때와 물러날 때

　그러던 중 1556년(명종 11)에 《주사서절요》를 완성했고, 1561년에는 도산서원이 완성되었다. 도산서원(3칸)은 서당과 부속건물인 농운정사(8칸) 등으로 구성되어 있었다. 퇴계는 건물이나 주변 지형의 이름을 모두 자신이 짓고 썼으며 각각에 대해 시를 지어 자신의 뜻을 밝혔다. 이를테면 서원 앞쪽 낙동강을 향한 좌우에는 대를 쌓아 왼쪽 것을 천연대天淵臺, 오른쪽 것을 천광운영대天光雲影臺, 낙동강에서 서원으로 올라오는 들머리는 곡구암谷口巖으로 이름 붙였다. 자연을 너무나 사랑했던 문사로서 최고의 멋을 부린 셈이다. 그해 겨울에는 《도산기陶山記》를 완성했는데 여기에 서원의 건물, 조경, 그곳에서의 자신의 생활 등을 자세히 적었다. 아울러 자신이 은거하는 것이 노자나 장자와는 달리 성현의 뜻을 경전을 통해 강구하려는 목적이 있음도 분명히 밝혔다.

퇴계는 나이가 들어가면서 점점 쇠약해졌다. 하지만 조정에서의 부름은 끊이지 않았다. 명종은 퇴계를 거듭 불러도 오지 않자 독서당 관원들에게 "현자賢者를 불러도 오지 않는 것을 탄식한다招賢不至歎"는 제목으로 시를 한 수씩 지어 올리라고까지 했다. 뿐만 아니라 퇴계가 사는 도산을 그림으로 그려 올리게 하고, 여성군 송인宋寅에게는《도산기》와《도산잡영》을 필사해 병풍으로 만들게 하여 침전에 둘 정도였다. 가히 퇴계에 대한 존경이 어떠했는지를 알 수 있는 대목이다. 그러나 이와 달리 신하들 사이에서는 왕명을 어기고 멋대로 고향으로 돌아가 버린 퇴계에 대한 비난 여론도 만만치 않았다.

1567년(명종 22) 퇴계는 제술관으로 명나라의 사신을 맞이하라는 왕명을 받들기 위해 배를 타고 서울로 향했으나 명종이 경복궁에서 승하했다. 결국 생전에 다시 한 번 퇴계를 보고자 했던 명종의 뜻은 이루어지지 못했다. 퇴계는 사람들의 뜻에 따라 명종의 행장을 지었다.

명종의 뒤를 이은 선조 역시 마찬가지였다. 퇴계가 여러 번 사직상소를 올렸지만 허락하지 않았다.

"경의 현덕함을 들어온 지 오래이다. 새로운 정치를 펴고 있는 지금 만약 경이 출사하지 않으면 내가 어찌 안심할 수 있겠는가? 부디 사양하지 말라."

퇴계는 병을 이유로 세 번이나 사직서를 올린 후에야 간신히 허락을 받을 수 있었다.

그러자 이번에는 젊은 율곡 이이가 나서서 말렸다.

"어린 군주가 새로 서서 어려움이 많으니 잘 도와야 할 때입니다. 선생은 물러가셔서는 안 됩니다."

"도리로서는 물러갈 수 없으나 내 몸을 보아서는 물러가지 않을 수 없소. 몸은 이미 병이 많고 재주도 능히 할 만하지 못하오."

퇴계는 해직된 바로 다음 날 인사도 없이 고향으로 돌아갔다. 기대승 같은 사람이 퇴계를 재상으로 임명해야 도학정치가 실현될 수 있다고 공공연히 상소를 올리려 했기 때문이다. 그는 친구들에게 인사도 하지 않고 부랴부랴 귀향했다. 그러나 돌아가는 날 바로 동지경연 춘추관사에 임명되었다.

선조는 즉위하면서부터 마음먹고 사림정치를 펴 볼 생각이었다. 아직 왕비를 맞지 않았기에 외척 세력도 없었고 정부에는 많은 인재들이 있었지만 퇴계 같은 사림의 종장이 상징적으로 버티고 있기를 바랐다. 그랬기 때문에 끈질기게 퇴계를 불러들인 것이다. 선조가 보낸 애타는 편지를 보자.

……옛날 임금은 비록 명철하고 성스럽더라도 반드시 어진 이를 구해 스승으로 삼았는데 하물며 어릴 때부터 엄한 스승의 가르침을 받지 못하고 갑자기 어렵고 큰 왕업을 이어받은 짐이야 더 말할 필요가 있겠는가. 어머니께서도 말씀하시기를 "너는 자식이 없는데다가 지금 외롭고 의지할 데가 없는 처지이나 내 어찌 너를 교도하겠는가. 이황 같은 사람이 맞을 것이다."라고 하시며 항상 경이 올라오기만을 바라고 계신다. ……경은 부디 진퇴를 가지고 혐의스럽게 생각하지 말고 올라와서 병중이라도 조정에 머물며 어리석은 짐을 도와 달라.

선조의 편지를 받은 퇴계는 임금의 마음을 십분 이해할 수 있었다.

그래서 자신이 일생 동안 연구한 학문을 10개의 그림으로 요약한 《성학십도聖學十圖》를 만들어 임금에게 올렸다.

"이것이 무엇이냐."

"제가 일생 동안 연구한 것을 10개의 그림으로 구성하였습니다. 병풍으로 만들어 좌우에 두시어 항상 익히고 경계하도록 하시옵소서. 신이 나라에 보답하는 길은 이뿐인가 하옵니다."

"고맙구나. 짐이 그대의 충정을 잊지 않겠다."

"성은이 망극하여이다. 허나 신은 이제 늙고 병들어 그만 고향으로 돌아갈까 합니다. 부디 신의 뜻을 헤아려 주시옵소서."

"아니, 그게 무슨 말이오. 아직 짐은 가야 할 길이 멀기만 한데 어찌 짐의 곁을 떠난다는 것이오!"

호통을 치긴 했으나 선조 역시 이제 그만 퇴계를 보내 줘야 한다는 것을 인정해야만 했다. 머리로는 이해했으나 심정적으로 자신의 곁에 남아 주기를 바랐던 것이다. 그러나 이번에는 어쩔 수 없이 그의 물러남을 허락했다.

"마지막으로 짐과 조정에 하고 싶은 말이 있으면 해 주시오."

잠시의 침묵이 흐른 후 퇴계가 낮은 목소리로 말을 시작했다.

"옛사람이 말하기를 태평한 세상을 걱정하고 명철한 임금을 위태롭게 생각한다고 했습니다. 대개 명철한 임금은 보통 사람보다 뛰어난 자질이 있고 태평한 세상에는 우려할 만한 일에 대한 방비가 없습니다. 보통 사람보다 뛰어난 자질이 있으면 혼자만의 지혜로 세상을 이끌어 가면서 여러 아랫사람들을 가볍게 보고 소홀히 여기는 마음을 가지기 쉬우며, 우려할 만한 일에 대한 방비가 없으면 교만하고 사치한 마음이 반드시 생겨나게 마련이니, 이는 두려워할 만한 일입니다.

지금 세상은 비록 태평한 듯하지만 남북으로 분쟁이 일어날 실마리가 있고 백성들은 쪼들리고 초췌하며 나라의 창고는 텅 비어 있습니다. 이러다가 장차 나라가 나라꼴이 아닌 지경에 이르러 졸지에 사변이라도 있게 되면, 흙담이 무너지고 기왓장이 쏟아지는 형세가 될 것이니 우려할 만한 일에 대한 방비를 하지 않아도 된다고 말할 수 없을 것입니다."

퇴계는 선조가 잘난 체하고 신하들을 깔볼 것임을 이미 알고 있었고, 장차 임진왜란과 병자호란과 같은 국난이 있을지도 모르니 대비해야 한다는 충고를 한 것이다. 이는 신하로서는 하기 어려운 말이었으나 사림의 종장으로서 국가를 위해 감히 진언한 것이다. 그러나 선조는 이를 받아들였다. 호피 1장과 후추 2말을 하사했으며 말과 뱃사공도 대 주었다.

이후에도 선조는 여러 번 그에게 관직을 맡아 줄 것을 청했으나 그는 응하지 않았다.

1570년(선조 3) 가을, 그는 자신의 명이 다했음을 깨닫고 자신의 묘비명을 지었으나 완성하지는 못했다. 하루하루 몸을 일으켜 세우지 못할 정도로 쇠약해졌으나 자신의 사단칠정론에 대해 이론을 제기하는 기대승의 편지에 대한 답서를 제자들에게 받아 쓰게 했다. 죽기 직전까지도 학문에 대한 그의 열정은 이토록 강렬했다. 병세가 더욱 악화되자 가까운 곳에 살던 제자 70여 명이 모여들어 곁을 지켰다. 그는 조카에게 유서를 받아 쓰게 했다. 유서의 내용은 국장을 하지 말 것이며, 제사를 간소하게 지내라는 것, 비석을 세우지 말고 다만 '퇴도만은진성리공지묘退陶晚隱眞城李公之墓'라는 간략하게 신상을 정리한 묘표만을 세우라는 것 등이었다.

그 후 얼마 지나지 않은 어느 날 아침, 그는 누운 자리를 정돈하게 한 다음 부축을 받고 편안히 앉아 세상을 떴다. 그때 갑자기 흰구름이 그의 집 위로 몰려왔고 눈이 한 치 가량 내렸다고 한다.

퇴계의 학문

퇴계는 평생 도학을 연구한 인물이다. 도학이란 '도의를 숭상하는 학문'이란 뜻인데 성인을 배워 인간이 스스로 심성을 온전하게 발현해 인격적으로 완성함으로써 성인이 되는 것에 목표를 두고 있다.

특히 퇴계의 도학은 철저히 수양론에서 출발한다. 부정부패, 부조리를 일삼는 훈구파들을 제어하고 도학이 지배하는 세상을 만들려는 목적이었다. 그러나 초기의 유학자들처럼 실천의 필요성을 말로 내세우는 것만으로는 설득력이 약했다. '왜' 그래야 하는 것인지를 설명할 필요가 있었다. 이를 위해 하늘天을 끌어들인 것이다. 심성론은 우주론과 연계되어 우주와 인간 심성의 상호관계를 설명하게 된다.

퇴계의 주리론은 이러한 배경에서 나오게 된 것이며 기본적으로 맹자가 내세우는 성선설을 받아들인다. 퇴계는 이기이원론적 주리론理氣二元論的主理論을 주장한다. 이理가 기氣의 작용을 주재한다는 이우위설理優位設, 이귀기천설理貴氣踐說을 주장한다. 그리고 이理

의 발현을 인정한다. 하늘의 천리天理가 사람에게 결부된 것이 성性이고 성은 본래 착한 것인데 사욕에 의해 더럽혀질 수 있으니 존천리存天理 알인욕謁人欲해야 한다는 것이다. 이른바 경敬을 해야 한다는 것이다.

퇴계는 선학들의 구구한 이론을 일일이 검증해보고 되도록 다른 사람의 의견을 받아들이되, 이치에 어긋나면 가차 없이 배격했다.

그는 어려서부터 학문에 뜻을 두었으나 훌륭한 스승과 친구를 얻지 못했고 벼슬을 하게 되어 공부에 전념할 수 없었다고 종종 안타까워했다. 그래서 조금이라도 기력이 있을 때 벼슬을 버리고 물러가 도학을 연구하고 싶어 했다. 그가 나라의 부름을 거절하지 못한 것은 과연 흔히 거론되듯 그의 유순한 성격 탓만이었을까? 또 그가 과거 시험을 보고 벼슬을 하지 않았다면 과연 도학자로 평생을 살았을까? 자못 궁금해진다.

출처관

이황과 조식이 태어났을 당시는 훈구파에 의해 사림파가 박해를 받던 암울한 시기였다. 그들이 태어나기 3년 전에는 무오사화가 일어났고 네 살 때 갑자사화가 일어나는 등 정국은 혼란스럽기 그지없었다.

조선왕조를 개창한 집권 사대부들은 지방의 사림을 그들의 동반자로 육성했다. 그래서 신진 사림들이 중앙정계로 많이 진출해 사림파를 형성했다. 그런데 수양대군이 계유정란癸酉靖亂을 일으킨 후, 어린 조카 단종을 몰아내고 왕위에 올랐고 이 과정에 참여한 공신들을 중심으로 훈구파가 생겨났다. 이들은 곧 정권을 움켜쥐게 되어 부정과 비리를 무수히 저질렀다.

사림파는 훈구파의 비리와 부도덕성을 공격했다. 훈구파는 이들을 제압하고자 여러 번의 사화를 일으켰고 사림파는 속절없이 화를 입게 되었다. 사림들은 계속 저항하거나 은둔하는 길을 선택했다. 그러나 사림의 정계진출은 이미 역사적 대세였다. 사화를 일으켜 몇 사람을 제거한다고 막을 수 있는 일이 아니었다. 게다가 왕 역시 공신들의 도움으로 즉위했음에도 사림을 끌어들여 훈구 세력을 견제하고자 했다. 이에 훈구파 관료들은 은둔해 있는 사림 유학자들을 불러들여 타협하고자 했다.

퇴계와 같은 일부 유학자들은 과거시험을 통해 관직에 나갔다. 그러나 이들의 세력이 점점 커져 위협적인 존재가 되면 사화가 일어날 가능성이 있었다. 퇴계도 몇 번이나 그 덫에 걸릴 뻔했다. 그래서 되도록 중앙에 있지 않거나 벼슬을 버리고 은둔하려 했다. 그러나 사림들은 그들의 정신적 지주인 퇴계를 자꾸 불러올리도록 요구했다. 퇴계가 사퇴하고 내려가기를 반복한 것도 그 때문이다. 물론 사림파의 이론적 기초로서의 도학 연구를 할 시간을 벌고자 했던 것도 한 가지 이유이다.

이와 달리 조식은 처음에는 주위의 권유로 과거시험을 준비했다. 그러나 스스로 문장이나 기질이 과거를 보아 벼슬하기에 적당치 않다는 것을 깨달았다. 그는 과거를 포기하고 은둔하면서 제자들을 기르고 세상을 등지고 사는 선비로서 기회가 있을 때마다 잘못된 정치를 비판하기로 했다.

벼슬의 뜻을 버리다

남명 조식은 1501년(연산군 7) 음력 6월 26일 경상도 삼가현 토동兎洞의 외가에서 조언형曹彦亨과 인주 이씨 사이에서 태어났다. 전하는 말에 따르면 조식이 태어날 때 집 앞 팔각정에 무지개가 뜨고 광채가 방 안에 가득했다고 한다.

조선 초에는 조식의 집안에서 크게 눈에 띄는 인물이 없었다. 아버지 대에 와서야 문과에 급제해 승문원판교에 올랐고 작은 아버지 조언경曹彦卿이 역시 문과에 급제해 이조좌랑에 올랐으나 기묘사화 때 죽임을 당했고 아버지도 좌천되어 벼슬길이 순탄치 않았다.

조식은 어려서부터 총기가 있고 성품이 강건하고 어른스러웠다. 일곱 살 때 아버지에게 시詩와 서書를 배웠는데 배우는 것마다 잘 외웠다. 공부 역시 스스로 했으며 모르는 것이 있으면 반드시 묻고 익혔다. 이처럼 행동거지가 남달랐던 그는 분명 큰 인물이 될 것이라는 집안의 기대를 한몸에 받았다.

그러던 어느 날 조식은 큰 병에 걸려 며칠을 앓아눕게 되었다. 조식의 어머니는 자식이 걱정스럽고 안쓰러워 눈물로 병석을 지켰다. 이를 본 조식은 오히려 어머니를 달랬다.

"어머니, 하늘이 저를 낳으신 것은 분명히 이유가 있을 것입니다.

소자 사내로 태어났으니 반드시 해야 할 일이 있을 것입니다. 할 일도 하지 못한 소자를 하늘이 거두어 가겠습니까? 너무 걱정하지 마십시오."

이 말을 들은 주변 사람들은 모두 그의 어른스러움에 놀랐다.

자라면서도 그의 공부에 대한 열정은 대단했는데 매일 아침저녁으로 방 하나를 깨끗이 치워 놓고 계획을 세워 공부를 했다. 깨끗한 대야에 물을 담아 양손으로 받치고 있으면서 밤새도록 쏟지 않았다. 정신을 늘 깨어 있게 하기 위해 옷에는 금방울을 달았다. 책을 읽을 때는 열 줄씩 읽었으며 경전뿐 아니라 천문, 지리, 수학, 진수 등 통달하지 않은 것이 없을 정도였다.

그가 열아홉 살 되던 해에 조광조가 죽었다는 소식을 들었는데 이때 그의 작은아버지도 연루되어 죽었다. 이것을 보고 그는 아직 조정에 출사出仕할 시기가 아니라고 생각했다.

하지만 그다음 해에 어머니의 강력한 권유로 과거시험을 보았다. 진사시와 문과의 초시에는 합격했으나 이듬해 있던 생원진사시 회시에는 응시하지 않았고 문과 회시에는 떨어졌다.

스물두 살에는 혼인하여 처가를 따라 김해에서 살았다. 그가 일생 동안 일정한 생업이나 녹봉 수입이 없이 처사의 신분으로 공부만 할 수 있었던 것은 그나마 김해, 진주 등에 있던 내외족의 경제적 기반 덕분이었다.

이렇듯 다양한 공부만 전념하던 그에게 자신의 학문을 크게 가늠해 볼 계기가 생겼다. 친구들과 함께 산사에서 《성리대전》을 읽던 중이었다.

"뜻은 이윤伊尹의 뜻을 가지고, 학문은 안자顔子의 학문을 배운다. 나가면 하는 것이 있어야 하고 물러나면 지키는 것이 있어야 한다." 라는 대목에서였다. 나가서도 하는 일이 없고 물러나서도 지키는 바가 없으면 뜻을 둔 바나 배우는 바가 장차 무슨 소용이 있느냐는 남명의 출처관은 이때 확립되었던 것이다.

"'경의敬義' 두 글자면 하늘에 해와 달이 있는 것과 같고 성현들이 말한 천 마디 만 마디의 핵심이 여기에 있는 것이구나. 수양을 더욱 게을리 하지 말아야겠구나."

그는 여기서 큰 깨달음을 얻었다. 스물다섯 살에 이미 뜻을 굳히고 갈 길을 찾은 것이다. 그는 성인의 학문을 공부하되 지엽적인 것을 버리고 6경六經, 4자四子 및 주돈이, 장재, 정호, 정이, 장재, 주희의 학문만을 아침부터 저녁까지 열심히 공부해 몸소 실천하는 것을 일삼았다. 또 공자, 주돈이, 주자 세 사람의 상을 만들어 놓고 매일 아침 올려다보면서 예를 올렸다.

기묘사화가 일어난 지 얼마 지나지 않아 성리학 책을 읽는 것이 금기로 여겨졌던 당시 상황에도 불구하고 남명은 일찍부터 성현들의 학문에 힘을 쏟은 것으로 미루어 보아 용기와 소신을 가진 학자라고 할 만하다.

아버지가 돌아가신 후 3년간의 시묘살이를 마치고 그는 도굴산에 들어가 글을 읽었다. 도굴산에 살던 스님의 말에 따르면 남명이 자세를 갖추고 책상 앞에서 앉아 책을 읽는 모습은 보았지만 하루 종일 아무 소리도 들을 수 없었다고 했다. 그러나 한밤중이 되면 손가락으로 책상을 치는 소리가 선명하게 들리는 것으로 보아 그때까지도 책을 읽고 있는 것이라 짐작했다고 한다.

하지만 자식이 입신하기를 바라는 어머니의 성화에 그는 서른세 살이 되던 1533년(중종 29)년에 문과 향시에 응시해 1등을 했다. 아들이 과거에 급제해 가문을 일으켜 주기를 바라는 부모의 마음은 그때나 지금이나 그리 다르지 않았다.

그러나 어머니의 바람과는 달리 최종 시험에 합격하지 못했고, 과거를 통한 출사는 실현되지 않았다. 그는 이후 어머니를 설득하여 과거시험에 응시하는 것을 포기하고 학문에만 전념했다. 그 후 이언적과 이림의 추천으로 참봉에 임명되었으나 출사하지 않았고 제자들과 산 속에서 오직 공부에만 전념했다. 게다가 을사사화가 일어나 친했던 이림과 곽순, 송인수 등이 차례로 화를 입자 벼슬의 뜻을 완전히 접었다.

무오사화, 기묘사화 이후로 제자들이 몰려들자 남명은 이들을 모아 우선 《소학》을 가르쳐 기본을 세우게 하고 《대학》으로 시야를 넓혀 의리를 명변하게 하고 기질을 변화시키는 것을 요법으로 삼고 경전을 가르치는 데는 긴요한 곳을 반복해서 분석해 주어 듣는 사람이 통창하게 이해한 다음에 그만두게 했다. 제자들이 궁금해 묻자 그는 이렇게 대답했다.

"나는 배우는 사람이 조는 것을 경계할 뿐이다. 이미 눈을 뜨면 스스로 천지일월을 볼 수 있다."

또 그는 퇴계 등의 학자들이 이기론, 심성론 같은 고원한 학문논쟁에만 몰두하고 효제孝悌나 사람을 대하는 가장 기본적인 도리의 실천을 소홀히 하는 것에 대해서 이렇게 비판했다.

"오늘날의 폐단은 고원高遠한 것에 많이 힘쓰고, 자기의 절실한 병을 살피지 않은 데 있다. 성현의 학은 처음에 일용, 상행의 사이에서 나오지 않으나 이는 인사 위에서 천리를 구하는 것이 아니요, 성을 다하고 명을 알려고 하면서 효제에 근본을 두지 않는 것이다.

비유컨대 시장에 놀러가서 진귀한 보물을 구경하면서 온종일 아래위로 돌아보고 값을 물어보지만 종당에는 자기 물건이 되지 않는 것과 같은 이치다."

은둔하는 삶

명종 때 그는 여러 번 관직에 제수되었으나 나가지 않았다. 특히 1555년(명종 10)에 쓴 사직 상소를 보면 대단히 과격하다.

임금의 정치가 이미 그릇되었고 나라의 근본이 이미 망했으며 하늘의 뜻이 이미 떠났고 인심이 이미 이산되었다. 문정왕후는 생각이 깊지만 한낱 궁중의 과부에 지나지 않고 명종은 유충해서 다만 선왕의 일개 고단한 후계자일 뿐이니 천재의 빈발과 인심의 여러 갈래를 어찌 감당할 수 있겠는가.

······ 아래로 소관이 주색으로 희희낙락하고 있고 위로는 대관이 뇌물을 받아 챙기고 있어 백성들을 착취하느라 여념이 없는데 나와 같은 하잘 것 없는 신하가 무엇을 어찌 하겠는가. 지금이라도 전하께서 마음을 바로 잡고 서정을 쇄신한다면 그때가서 도을 수 있으면 돕겠다.

이 상소가 올라간 후 남명은 큰 벌이 있을 것으로 생각하고 몇 달 동안 석고대죄하면서 벌을 기다렸으나 다행히 조정의 신하들이 나라를 걱정하는 일개 선비의 말일 뿐이라고 말리는 바람에 무사히 넘어갈 수 있었다. 이 상소는 나중에 사림의 정신적 지주로서 목숨을 걸고 할 말을 했다는 평가를 받았다.

그는 자신은 관직에 나가지 않았으나 제자들이 벼슬하는 것을 만류하지는 않았다. 그래서 선조 대에는 퇴계의 학자들 못지않게 남명의 제자들이 정계에 많이 진출해 광해군 대에는 북인이 집권하는 시기가 오기도 했다.

그는 또 "정주程朱 이후에는 책을 쓸 필요가 없다."고 하면서 시도 잘 짓지 않고 저서도 많이 남기지 않았다. 성리학에 대한 연구는 이미 정주에 의해 어느 정도 정리되었고 후학들은 이를 실천하기만 하면 된다는 것이었다.

남명이 학문에 미숙하거나 책을 쓸 능력이 없어서가 아니었다. 성리학이 너무 분석에 치중해 실천을 소홀히 하기 때문에 이를 못마땅하게 여겼을 따름이다.

남명은 경의敬義를 중시했다. 안으로는 경으로 수양하고 밖으로는 의로 결단해야 한다는 것이다. 내명자경內明者敬 외단자의外斷者義가 그것이다. 이러한 남명의 경의사상은 그가 그린 〈신명사도神明寫圖〉에 잘 나타나 있다. 또한 사욕이 침범하는 것을 막기 위해 '안으로 마음을 밝게 하는 것은 경이고, 밖으로 일을 결단하는 것은 의다內明者敬外斷者義'라고 새겨진 경의검敬義劍을 지니고 다녔고, 정신이 깜빡하는 것을 막기 위해 성성자惺惺子라는 방울을 차고 다닐 정도였다. 유교만이 아니라 다른 사상이라도 심성수양에 도움이 된다면 원용하는 것이 좋고, 더 이상 언어유희를 할 필요가 없다는 것이다.

남명이 지은 것이라고는 《남명집》과 《학기류편學記類編》만이 남아 있다. 《학기류편》도 연구 노트에 불과하고 그것도 후세에 재정리한 것이다. 성리학에 관한 책은 한 권도 없다. 남명은 실천은 도외시하고 쓸데없이 이기理氣, 심성心性에 관한 공리공담만 하는 것을 비판했다.

그는 은둔하는 삶을 즐겼는데 진주 덕산 사륜동으로 이사를 간 후에 지은 짧은 시를 보면 그의 마음이 더욱 선명하게 드러난다.

봄 산 아래에는 방초가 없고
다만 천왕봉을 사랑해 상제와 가까이 사네
백수가 돌아왔으니 무얼 먹고 사나
은하수가 십 리나 되니 오히려 먹고 살고 남음이 있겠구나

시사 10조

1565년(명종 20), 문정왕후가 세상을 떠나고 윤원형이 실각하면서 드디어 사림의 시대가 시작되었다. 더불어 남명이 출사를 거부할 명분도 줄어들었다.

윤원형을 몰아낸 명종은 재야의 인사들을 조정으로 불러들이려 했다. 남명도 66세의 나이에 경상도 관찰사 강사상의 추천으로 상서원

판권으로 불려올라왔지만 11일 만에 사퇴했다.

사퇴를 고하러 온 그에게 명종이 물었다.

"공의 학식에 대해서는 익히 들어 왔소. 정히 관직을 갖지 않겠다면, 나라를 다스리는 법에 대한 생각이라도 듣고 싶소."

"고금에 다스려지고 어지러운 것은 책에 다 있으니 제가 말하지 않아도 됩니다. 신이 생각하건대 군신 사이에 정의精義가 서로 맞아서 사이가 없어야 가히 더불어 해 볼 만합니다.

옛날의 제왕은 신료를 대우하기를 붕우와 같이 해 더불어 강명剛明하면 다스림은 저절로 이루어졌습니다. 그러나 오늘날에는 백성들의 살림살이가 빈곤하고 메말라서 이산하는 자가 물 같이 무너지고 마땅히 급급하게 구하는 것이 불난 집 같습니다."

남명의 직설적인 말에 명종은 심기가 불편했지만 이왕 들은 바 좀 더 들어보기로 했다.

"그렇다면 공부 방법은 어떤 것이 좋은가?"

"인주의 학문은 정치가 나오는 근원이니 공부는 심득心得보다 귀한 것이 없고, 마음에서 얻으면 천하의 이를 궁구하고 가히 사물이 변하는 것에 대응할 수가 있어서 임금이 굳이 모든 일을 다 돌볼 필요가 없을 것이옵니다."

남명은 명종에게 개혁의 뜻이 없음을 간파했다. 뜻이 없다면 자신이 조정에 머물 이유 역시 없었다. 그래서 그는 11일 만에 짐을 싼 것이다.

오래지 않아 명종이 세상을 뜨고 선조가 즉위했다. 왕권강화를 위해 사림을 기용할 뜻이 있어 널리 인재를 구했는데 또다시 남명이 천거되었다. 하지만 남명은 노령을 이유로 나가지 않았다. 대신 나라를 일으킬 말로 '구급救急' 두 글자를 권하고 〈시사 10조〉를 올려 폐정을 조목조목 나열했다. 결국 남명은 평생 동안 13번이나 나라의 부름을 받고도 한 번도 나가지 않았다.

세월은 두 사람을 비껴가지 않았다. 퇴계가 먼저 세상을 떠났다. 뒤늦게 그의 부음을 들은 남명이 조용히 중얼거렸다.

"같은 해에 태어나 같은 지역에 살면서 서로 만나지 못한 것이 어찌 운명이 아니겠는가. 이 사람이 죽었다 하니 나도 세상에 남아 있을 날이 머지않았구나."

남명은 퇴계보다 한 해를 더 살았고 1571년에 세상을 떴다. 약물과 미음을 끊은지 며칠 후 그는 조용히 운명했다.

진리를 찾는 일생의 동반자

퇴계와 남명. 두 사람은 일생 동안 단 한 번도 만난 적이 없다. 그러나 같은 시대를 살았고 진리를 찾는 동반자였으나 다른 삶의 방식을 선택함으로써 비교의 대상이 된다.

퇴계는 경상좌도에서 태어났고 남명은 경상우도에서 태어났다. 퇴계는 청량산 밑에서 살아 품성이 온화하고 치밀한 데 비해 남명은 지리산 밑에서 살아 기질이 드높고 강건했다. 이에 대해 성호星湖 이익李瀷은 이렇게 말했다.

"남명 선생은 우도에, 퇴계는 좌도에 해와 달처럼 있었으며……
좌도는 인仁을 숭상했고, 우도는 의義를 숭상했다."

하지만 그들의 출처관은 달랐다.

남명은 "내 평생에 하나의 장점이 있다면 그것은 죽는 한이 있어도
구차하게 따르지 않은 것이다."라고 밝힘으로써 벼슬길에 나가지 않
을 것을 분명히 했다. 왜 출사를 하지 않으려 했을까?

남명은 벼슬길에 나간다면 마땅히 명분의 가르침을 펴야 한다고
생각했다. 그러나 사화가 일어나고 사림이 죽어가는 판에 벼슬을
한들 무슨 소용이 있겠느냐는 생각에 도달했다. 이것이 명종을 만나
보고 개혁의 뜻이 보이지 않자 즉시 귀향한 이유다.

이와 달리 퇴계는 37년간이나 벼슬살이를 했고 최고의 품계까지
올라갔다. 벼슬도 양관대제학에 우찬성까지 지냈다. 사림의 시대가
도래하고 있으니 한 번 나가 벼슬해 볼 만하지 않느냐는 생각도 가지
고 있었다. 그에게는 또한 한미한 집안을 일으키고자 벼슬을 한다는
명분이 있었다. 뿐만 아니라 그의 아들이나 조카들에게도 과거시험
을 보라고 여러 번 권하기까지 했다.

선조의 뒤를 이어 광해군이 즉위하면서 남명의 이론은 정통 이론
으로 자리잡게 되었다. 북인 정권을 수립한 정인홍 등의 제자들이 스
승인 남명을 추켜세웠기 때문이다. 그러나 인조반정이 일어나 정인
홍이 처형되자 남명학은 쇠퇴하고 퇴계학이 주류로 전향되어갔다.
그리하여 조선 후기에는 퇴계, 율곡의 순정주학이 사회를 풍미하게
되었다. 뿐만 아니라 퇴계 유학은 일본의 메이지유신에도 일정한 영
향을 미쳤다.

그러나 퇴계, 율곡의 주자학 지상주의 사상은 우암 송시열에 의해 정치에 도입되어 비타협적 교조주의로 전락해 유연성을 잃고 서구문화에 제대로 대항하지 못하는 폐단을 낳기도 했다.

조선을 만든 사람들

4

십만양병설, 그 진정한 의미는?

율곡 이이 VS 서애 유성룡

후끈대는 삼복더위 속에 대신들이 늘어서 있는 조정 안은 열기로 가득했다. 선조는 영의정 이준경이 세상을 떠나면서 올린 유소儒疏에서 장차 붕당의 조짐이 보인다는 내용 때문에 심기가 불편해져 있었다. 이준경은 당시 국가의 원로로 알려진 대신이었다.

대명률에 따르면 관원으로 붕당을 짓는 사람은 당사자는 참형斬刑에 처하고 처자는 노비로 삼으며 재산은 관官에서 몰수했다. 붕당의 죄는 이처럼 무거웠다. 조광조 역시 붕당을 지은 죄로 죽었다.

"경들은 어찌들 생각하시오?"

"전하, 지금 조정이 청명한데 어찌 붕당이 있겠습니까. 사람이 죽을 때는 그 말이 착한 법인데 이 대감은 죽을 때가 되어서도 그 말이 악하기 그지없습니다. 삭탈관직해야 마땅한 줄 아뢰옵니다."

이이가 말을 마치자마자 뒷자리에 있던 유성룡이 나섰다.

"대신이 임종하면서 한 진언에 옳지 못함이 있다면 옳고 그른 것을 변론하면 그만이지 관직을 추탈할 것까지 무에 있습니까. 거두십시오."

유성룡은 아차 했다. 급한 마음에 이이의 말에 나선 것이 후회됐다. 등줄기로 땀방울이 툭 떨어졌다. 당파는 달랐지만 그는 사림의 종장宗長으로서 이이의 품성과 개혁안을 높이 평가지만 그를 실천하는 방법에 있어서는 생각이 달랐다. 이이의 급진적인 개혁은 그를 늘 불편하게 했다.

이이 역시 뒤에 자리한 유성룡의 거친 숨결을 느낄 수 있었다. 평소 그는 유성룡을 훌륭한 젊은 사림이라 생각해 왔다. 그러면서도 그가 왠지 자신을 불편해한다는 것 또한 알고 있었다. 가만히 생각해 보면 유성룡은 여러 가지 핑계를 대면서 이이와 함께 조정에 있으려 하지 않았다. 이이가 조정으로 들어오면 유성룡은 지방의 관직으로 피해가곤 하면서 최대한 자신과 부딪치지 않으려는 듯했다.

'아까운 인물이야. 나와 함께 조선의 정치를 개혁하면 좋으련만.'

이이는 쓸쓸하게 미소를 지었다. 그때였다.

"자네는 어찌하여 이利되고 해害되는 것을 돌아보는가?"

송강 정철이었다. 그는 뾰족한 눈길로 이마에 땀방울이 가득한 채 유성룡을 쏘아보았다.

"일신一身의 이해利害는 진실로 돌아보아서는 안 되지만 조정에서 일을 의논하는 데 나라의 이해도 역시 돌아보지 말아야 합니까? 지금 만약 삭탈관직을 청한다면 신은 국체國體에 해가 될까 걱정될 뿐입니다."

재상을 대하는 것을 어렵게 해야 한다는 것을 표현한 말이었다. 유성룡은 재상의 체통을 세워야 국가의 체통이 선다고 생각했다.

다른 대신들 역시 긴장하고 있었다. 쉽게 드러나지는 않았지만 조만간 큰 사단이 날 조짐이었다. 오랫동안 외부로부터의 평화가 지속된 가운데 동인과 서인은 서로에게 발톱을 세우고 있었고 이는 훗날 당쟁으로 이어져 대가를 치르게 했다.

정치는 시세를 아는 것이 중요하고 일은 실제로 그 일에
힘쓰는 것이 중요합니다. 정치를 하면서 시의를
알지 못하면 정치의 효과를 거둘 수 없습니다.
시의란 때에 맞춰 법을 만들고 백성을 구하는 것입니다.

● 율곡 이이가 어린시절 사용하던 벼루. 뒷면에 정조 임금이 친히 쓰신 어제어필御製御筆 열여덟 자의 시구가 조각되
어 있다.

이이李珥, 1536~1584년

자는 숙헌叔獻. 호는 율곡栗谷. 석담石潭. 시호는 문성文成. 본관은 덕수,
조선 중기의 학자. 사헌부 감찰 이원수李元秀의 아들로, 어머니는 사임
당師任堂 신씨이다. 어린시절 주로 외가인 강릉에서 자랐으며 1541년에
서울로 올라왔다. 어머니를 여의고 3년간 시묘살이를 한 후 금강산에
들어가 불교를 공부하다가 이듬해 내려와 유학에 전념했다. 과거 시험
에서 9번이나 장원을 차지하는 기록을 남기기도 했다. 호조좌랑을 시작
으로 청요직을 두루 거쳤으며 40대에 부제학, 대사헌, 호조판서, 이조
판서 등 육조판서직을 두루 역임했다. 당대 석학인 이황, 성혼成渾과 교
류하며 이기理氣, 사단칠정四端七情 등에 대해 토론을 벌였다. 이이는 자
신이 살던 16세기 후반의 시기를 경장更張이 요구되는 시대로 인식하고
향약의 보급에 주력하였으며 수미법收米法과 사창제社倉制의 실시 등 민
생을 안정시키고 사회의 모순을 개혁하는 정책을 제시했다. 다른 한편
으로는 동인과 서인이 갈리는 초기 당쟁의 시기를 살면서 붕당 간의 조
정에 힘을 쓰기도 했다. 그러나 당시 정국을 주도하던 동인들은 이를
비판하고 이이를 서인으로 지목했다. 대표적인 저서로는 《동호문답東湖
問答》, 《만언봉사萬言封事》, 《성학집요聖學輯要》, 《격몽요결擊蒙要訣》 등이
있다.

국가를 유지하는 것은 오직 인심뿐입니다.
비록 위험하고 어려운 때라도
인심이 굳건하면 나라가 편안하고,
인심이 이산되면 나라가 위태롭습니다.

유성룡柳成龍, 1542~1607년

자는 이현而見, 호는 서애西厓. 시호는 문충文忠. 본관은 풍산豊山. 조선 중기의 성리학자. 영의정을 역임한 문신. 유중영柳仲郢의 아들로 이황李滉의 문인이다. 1566년 문과에 급제했고 부제학, 대사간, 대사헌 등을 거쳐 예조판서 겸 홍문관제학 등을 지냈다. 1590년 우의정이 되고 광국공신光國功臣으로 풍원부원군豊原府院君에 봉해졌다. 이듬해에는 좌의정에 임명되었으나 임진왜란이 일어나자 선조를 호종해 의주로 피란했으며 영의정에 임명되었으나 곧 파직되었다. 1598년 북인北人에 의해 주화오국主和誤國의 죄명으로 관직을 삭탈당했으나 1604년 복직되고 호성공신扈聖功臣에 봉해졌다. 이황을 추종해 이생기설理生氣說, 지행병진설知行並進說을 주장했으며, 양명학陽明學에 기울었다는 비판을 받기도 했다. 대표적인 저서로《서애문집西厓文集》,《징비록懲毖綠》등이 있다.

●
●
●

율곡 이이와 서애 유성룡이 살았던 시기는 조선사회에서 갱장更張
이 필요한 시기였다. 문정왕후가 죽자 외척 세력이 몰락하고 사림 세
력이 정치 주도권을 잡아 폐정을 개혁할 적기라고 생각했다. 그러나
실제 역사는 그렇게 전개되지 않았다. 진정한 군자는 어떤 존재인가,
어떤 사람들이 정치를 주도해야 옳은가 등을 놓고 당론의 분열과 대
립이 격화되어갔다. 그러다 보니 갱장은 훗날로 미루어질 수 밖에 없
었다.

이러한 상황은 군사제도와 국방체제의 해이로 이어졌고 이 때문에
임진왜란 당시 조선군은 초기의 전투에서 비참하게 패배하고 말았
다. 흔히 이이는 이를 대비해 십만양병설을 주장했고, 유성룡이 이를
반대했다고 하지만 실상은 반드시 그런 것도 아니었다.

이 두 인물은 모두 백성들을 아끼는 마음으로, 앞으로 다가올 위험
에 대해 어떤 형태로든지 대처해야 한다고 생각했다. 다만 그 방법이

달랐을 뿐이다.

선조의 절대적 신임을 받았던 율곡과, 율곡에게 인정받으면서도 그의 급진적 개혁이 가져 올 파장을 우려해 한발 뒤로 물러서서 그를 비판하며 견제했던 서애. 이 둘은 서로의 정치적 입지가 달랐음에도 위기에 처한 조선을 구해 낸 인물임에는 틀림이 없다.

구도장원공, 어린 천재의 이름

율곡 이이는 1536년(중종 31) 강원도 강릉의 외가에서 태어났다. 어린시절의 아명은 현룡見龍으로 어머니 신사임당이 꿈에서 용을 보고 그를 낳았기 때문에 지어진 이름이다. 그의 친가는 이렇다 할 인물이 없는 집안이었던 데 반해 외가는 강릉에서 행세하던 집안이었다. 그는 아버지 이원수와 신사임당의 사이에서 4형제 중 셋째 아들로 태어났다. 맏형은 선璿, 둘째 형은 번璠, 그리고 동생은 우瑀였다.

율곡에게 가장 큰 영향을 끼친 인물은 어머니 신사임당이었다. 글과 그림에 뛰어난 데다 성품까지 남달랐던 사임당은 특히 자녀교육에 대한 관심이 높았다. 어린시절부터 신동으로 소문났던 율곡의 뒤에는 이러한 어머니의 보이지 않는 교육이 있었던 것이다. 그는 서울로 올라와 열세 살에 진사 초시에 장원으로 합격했다.

"뭐라고? 이렇게 어린아이가 장원을 했단 말인가?"

과거 발표를 기다리던 선비들은 물론, 시험관들까지도 깜짝 놀랄 수밖에 없었다.

그러나 얼마 후 어머니가 세상을 떠나면서 율곡은 크게 상심했다. 그리고 이것은 그의 학문에 큰 영향을 미쳤다.

'사람들은 왜 죽는 것일까. 올바르게 산다는 것은 무엇일까?'

그는 어머니의 시묘살이를 하는 동안 이 문제로 크게 고민했다. 유교서적을 아무리 뒤져보아도 답은 나오지 않았다. 때문에 삼년상을 마친 율곡은 금강산으로 들어가 불교 공부를 시작했다. 그는 불교의 선학을 공부하면서 삶과 죽음에 대해 깊이 생각했고 학문의 시야도 넓혔다.

그러나 불교에서 권하는 덕목이 유교에도 있으며 유교와 불교에 공통점이 있다는 것을 깨닫게 되었다. 그는 금강산을 내려와 강릉 오죽헌의 외갓집에 머물면서 성리학을 공부해야겠다고 결심했다.

1558년(명종 13) 스물세 살의 율곡은 성주목사 노경린盧慶麟의 딸과 결혼했다. 그리고 그해에 이황을 만났다. 당시 장인이 살고 있던 성주와 이황이 머물렀던 안동은 그다지 멀지 않았다. 이황과 이이는 평생 동안 이때 단 한 번 만났는데, 이황은 서른다섯 살이나 어린 이이를 맞아 기꺼이 성리학에 대해 깊은 토론을 했고, 성리학으로 세상을 바로잡아 보자는 데 의기투합했다. 둘은 짧은 만남을 아쉬워하면서 서로를 잊지 못했고 가끔 편지를 주고받았다.

그 후 이이는 각종 과거에서 9번이나 장원해 '구도장원공九度壯元公'이라 불렸다. 그가 벼슬길에 나간 것은 스물아홉 살 때인 1564년(명종 19)이었다. 나라의 살림살이를 맡아보는 호조좌랑으로 시작한 그는 사헌부의 지평, 홍문관 부교리 등 삼사의 언관직을 두루 거치며 승승장구했다.

대동사회를 꿈꾸다

1567년(명종 22) 명종이 후사 없이 세상을 뜨자 중종의 후궁인 창빈 안씨의 손자 하성군河城君이 왕위에 올랐다. 바로 선조이다. 하성군의 스승은 한윤명이라는 성리학자였는데 이를 계기로 선조는 기묘사화로 숙청된 사림들의 죄를 풀어 정계에 복귀시키고, 조광조를 신원伸寃해 영의정으로 추증했다. 조정이 사림 중심으로 재편된 것이다.

사림이 중앙에 나오기 시작한 것은 세조 대부터로 주로 영남지방의 인물이 많았다. 그런데 선조 대에 이르면서 기호지방 출신의 사림도 조정에 진출하게 되었다. 그러자 영남사림은 영남학파, 기호사림은 기호학파, 그리고 다시 영남학파는 동인 정파, 기호학파는 서인 정파를 형성하게 되었다.

율곡과 신진 사림들은 종장인 퇴계 이황을 정신적 지주로 해서 개혁을 하고자 했다. 당시 이이는 이황에게 조정에 머물면서 사림들의 구심점이 되어 줄 것을 권유했고 새 재상에 이황이 기용될 것을 기대하고 있었다. 그러나 이황은 재상에 기용되지 않았고, 개혁이 쉽지 않을 것을 짐작한 그가 사직하고 고향으로 돌아감으로써 사림들은 구심점을 잃게 되었다.

그러자 율곡은 서서히 신진 사림의 중심 인물로 두각을 나타내기 시작했다. 그는 이미 선배나 동료들뿐 아니라 후배들로부터도 촉망받고 있던 터였다. 물론 선조의 신임도 두터웠다. 선조와 율곡은 잘 맞는 파트너였다. 그러나 언제나 잘 맞았던 것은 아니었다.

율곡은 을사사화乙巳士禍를 일으킨 윤원형을 비롯한 간신들의 훈작을 빼앗자고 주장했으나 선조는 번번이 이 청을 거절했다. 을사사화는 인종이 9개월 만에 세상을 뜨면서 그의 아우인 열두 살의 명종이 왕위에 오르자 명종의 어머니인 문정왕후 윤씨와 동생인 윤원형이 나랏일을 쥐락펴락하면서 사림들을 음해해 대거 귀양을 보내거나 사형시킨 사건이다.

이즈음 율곡은 강릉의 외할머니가 편찮으시다는 소식을 듣고 선조에게 사직을 고했다.

"아뢰옵기 황공하오나 할머니께서 몸이 불편하시기에 벼슬을 내놓고 고향으로 돌아가고자 하오니 부디 윤허해 주시옵소서. 전하."

선조는 깜짝 놀라 그를 말렸다.

"무슨 소리요. 그대가 고향으로 돌아가면 짐은 누구와 나랏일을 상의한단 말이오. 아니 되오. 청을 거두시오."

여러 번의 간청에도 선조가 사직을 받아 주지 않자 율곡은 어쩔 수 없이 사직서만 올린 채 강릉으로 내려가 버렸다. 그러자 선조는 크게 노하였다.

"아니, 내가 그렇게 말렸건만 벌써 떠나 버렸다고? 괘씸하구나."

하지만 율곡을 아끼는 대신들은 그를 편들었다. 그래도 선조는 화를 풀지 못했다.

'분명 윤원형의 훈작을 빼앗으라는 청을 받아 주지 않은 것에 화가 난 게야. 외할머니의 병환은 핑계일지도 모르고.'

선조는 분함을 참지 못하고 명을 내렸다.

"당장 율곡을 한양으로 올라오라 하라."

그러나 율곡은 강릉에서 외할머니의 병수발에 정신이 쏠려 있었다. 선조는 어쩔 수 없이 율곡에게 호당湖堂을 명했다. 호당은 세종 때 처음 시작된 것으로 집현전의 학자들이 과중한 업무에 지치면 얼마 동안 가까이에 있는 절에 보내어 공부를 하도록 허락한 제도이다. 이 제도를 약간 바꾸어 절이 아닌 집에서 휴가 겸 공부를 하도록 배려한 것이다.

율곡은 선조의 배려를 감사해 하며 할머니의 간호와 함께 학문에 힘썼다. 이때 지은 책이 《동호문답東湖問答》이다. 이 책은 왕도정치의 구현을 위한 철인정치사상과 당대의 현실 문제를 왕과 신하가 서로 묻고 답하는 형식으로 구성된 것이다. 이이는 여기서 백성들이 고통 받는 몇 가지 문제를 이야기하면서 임금이 이를 해결해 주기를 기대했다.

지금 백성들이 고통스러워 하는 것은 세금이다. 첫째, 백성이 도망가면 이웃이 대신 세금을 내야 하고 친척이나 이웃이 내지 못하면 동네사람들이 세금을 내야 한다. 그 피해가 옆 동네로 퍼지다 보니 너도 나도 도망을 가 버려 동네에 남아나는 사람이 없다. 그러므로 백성들이 낼 수 있는 세금만 거두도록 하고 세금을 낼 수 없는 백성들 때문에 다른 사람들이 고통을 겪지 않도록 해야 한다.

둘째, 백성들이 내는 진상품을 줄여야 한다. 지방관리들은 백성들로부터 필요 이상의 진상품을 거두어 들여 백성들을 못살게 굴고 있다. 궁중에서 필요하지 않은 것까지 마구 거두므로 백성들의 고통이 크다. 필요한 특산품만 계절에 맞게 거두는 것이 필요하다.

셋째, 특산품의 경우 관리들이 시도 때도 없이 요구하므로 백성들은 특산물을 대신 내 주는 방납을 이용한다. 그러나 방납을 담당한 상인들은 지방관리들과 짜고 많은 비용을 부담시켜 자신들의 배만 불리는 실정이다.

넷째, 부역과 군역의 폐단이다. 양반들은 군역과 부역을 돈을 써서 면제받고 백성들은 군인으로 근무도 하고 옷감도 내야 하는 이중의 고통을 당하고 있다.

율곡이 꿈꾼 세상은 더불어 잘 사는 대동大同의 사회였다. 또한 유교적 이상사회였다. 정치나 법보다는 명분으로 백성을 설득하고 위정자가 먼저 의리를 지키는 도덕국가였다. 즉, 통치자가 모범을 보이면 백성들이 따라서 실천하는 왕도정치가 궁극적인 목표였다. 그런 의미에서 이《동호문답》은 왕도정치의 학문을 실제 생활에 적용하자는 실사구시 운동이었다. 대동법大同法 역시 그의 이런 생각이 잘 반영된 제도였다.

그러나 수백 년에 걸쳐 이루어진 폐단을 임금이라고 해서 하루아침에 개혁할 수는 없었다. 그렇기에 선조에게는 이런 간언을 해 주는 신하가 더욱 절실하게 필요했다. 선조는 율곡을 청주목사로 임명했다. 굳이 조정에 나오지 않아도 자신을 보필할 수 있게 한 것이다. 지방관이 된 그는 먼저 향약鄕約을 실시해 백성들이 자기 마을을 스스로 다스리게 했다.

'향약을 실시하면 자연스럽게 유교적인 예속禮俗이 보급되고, 백성들이 토지로부터 이탈되지 않을 것이다. 이렇게 공동체적으로 결속된다면 나라는 보다 안정될 것이다.'

그는 우선 마을 사람들이 지킬 규약을 만들었다.

마을마다 이웃끼리 착한 일을 권한다德業相勸(덕업상권).

잘못이 있으면 서로 충고하고 이를 바르게 고쳐준다過失相規(과실상규).

아름다운 풍속은 서로 교류한다禮俗相交(예속상교).

힘든 일이 있으면 서로 격려하면서 도와준다患難相恤(환난상휼).

너무나도 아름다운, 함께 잘 살아 보자는 소박한 이상이 담긴 덕목들이었다. 율곡이 먼저 모범을 보이자 처음에는 시큰둥하던 백성들도 조금씩 변하기 시작했다. 이후 몸이 쇠약해진 율곡이 사직을 하고 고향으로 돌아가자 선조는 또 섭섭함을 금하지 못하고 그를 서울로 불렀다. 그는 승정원의 우부승지, 대사간을 거쳐 황해도 관찰사로 임명되었다. 황해도는 국방의 요처였다. 그러나 그가 황해도 감영에 도착한 후 무기고를 살펴보니 녹슨 칼자루 10여 개가 이리저리 나뒹굴고 있을 뿐이었다.

'아니, 이게 무슨 꼴인가. 서울의 관리들만 썩은 것이 아니었구나. 어찌할꼬. 불안한 조선의 미래가 보이는 것 같구나.'

율곡은 태평성대 뒤에 다가올 환란에 대해 이즈음부터 걱정을 하고 있었다. 이는 그가 쓴 글에도 나타나는데, 당시가 왕조의 중간에와 있고 개혁이 필요한 시점이라는 것을 역설하고 있다.

관직에서 물러난 그는 황해도 해주로 가서 농사를 지으며 공부에 전념했다. 그 소문을 듣고 학생들이 찾아왔다. 그는 어쩔 수 없이 근처에 학교를 짓고 학생들을 가르쳤다. 바쁘게 지내기는 했으나 자연의 아름다움에 푹 빠져 산 시기였다.

시무육조

오래지 않아 율곡은 다시 조정으로 나갔다. 조정 대신들은 나랏일은 뒷전으로 하고 당파싸움에만 여념이 없었다. 율곡은 선조를 도와 홍문관 책임자로, 호조판서로, 다시 이조판서로 부지런히 자리를 옮겨 가며 나랏일을 처리했다. 그러던 중 선조에게 장계가 올라왔다. 함경도 회령부사가 보낸 것이었다.

전하!

여진족의 움직임이 예사롭지 않습니다. 군사훈련이 강화되고 있습니다.

국경을 지키는 저희에게 군사와 말이 더 필요합니다.

이 상소를 보고 걱정이 된 선조는 율곡을 병조판서로 임명했다.

"전하. 아뢰옵기 황공하오나 저는 몸이 약해 병들었고 글을 공부한 탓에 병조판서를 맡는 것은 옳은 일이 아니옵니다. 더구나 지금까지 문관이 병조 일을 보는 경우는 없었사옵니다."

율곡은 이를 사양했으나 선조는 간청했다.

"과거의 예는 더 이상 언급치 마시오. 지금까지 200여 년간 평화가 지속되면서 군사정책이 매우 소홀해져 있소. 지금 군사의 일을 맡을 만한 사람은 그대 외에는 없소. 그대가 주장한 개혁의 취지를 국방에서도 마음껏 발휘해 조선을 강하게 키워 주기 바라오."

선조의 간청에 마지못해 병조판서직을 수락한 율곡은 취임 후 무기와 병사들의 상태를 살펴보았다. 너무나 실망스러웠다. 무기고의 자물쇠는 녹이 슬어 제대로 열리지도 않았으며 대포와 총통 역시 녹슬어 있었고 화살은 쥐들이 갉아먹어 쓸 만한 것이 드물었다.

때마침 쳐들어 온 여진족을 막아 내면서 율곡은 깨달은 바가 컸다. 그는 정치와 군사, 그리고 경제에 관해 나라의 힘을 키울 수 있는 내용의 〈시무육조時務六條〉를 지어 임금에게 올렸다.

첫째, 어질고 능력 있는 선비를 관리로 널리 뽑을 것.

둘째, 군사력을 키울 것.

셋째, 나라의 재정을 풍부하게 할 것.

넷째, 외적의 침입에 대비해 국경의 경계를 튼튼히 할 것.

다섯째, 전쟁이 일어나면 쓸 수 있는 말을 키울 것.

여섯째, 어리석은 백성들을 가르쳐 사람의 도리를 깨닫게 할 것.

하지만 이런 율곡의 생각에 다른 관리들은 동조하지 않았다. 그를 시기하는 대신들은 오히려 민심을 흉흉하게 할 수 있다며 반대했다. 그러자 선조도 미온적인 반응을 보였다. 율곡은 실망했지만 그보다는 외적의 침입이 걱정되었다. 조정에서는 이를 오랑캐라고 얕잡아 봤지만 군사력이 약해지면 어떻게 될지 아무도 모르는 일이었다.

율곡은 다시 선조를 만나 건의했다.

"전하, 일본이 혼란을 극복하면 언제 우리나라로 쳐들어올지 모릅니다. 10년 동안 한양에 2만, 각 도마다 1만씩 도합 10만의 군사를 길러야 합니다. 군대는 하루아침에 만들어질 수 없으므로 시간이 있을 때 변란에 대비해야 합니다. 부디 군량미를 비축하고 재정을 튼튼히 하여 후일을 대비하소서."

그러나 유성룡을 비롯한 많은 대신들은 이를 반대했다.

"전하, 지금은 국가의 예산이 부족하오며, 평화 시에 군대를 동원하면 백성들이 혼란에 빠질 염려가 있습니다."

유성룡이 이렇게 반대하자 다른 대신들도 앞다투어 나섰다.

"전하, 병조판서의 의견은 태평성대를 이룬 전하의 업적에 누가 될지도 모르는 일입니다. 군사에 대해 아무것도 모르는 병조판서의 이야기에 귀 기울이지 마시옵소서."

결국 이이의 건의는 대신들의 반대로 좌절되었다.

병조판서로 뜻을 펴기 어렵다고 생각한 율곡은 벼슬을 내놓고 파주로 갔다. 거기서 임진강이 내려다 보이는 강가에 정자를 짓기로 하고 목수에게 이렇게 지시했다.

"목재를 다듬을 때 목재마다 기름을 듬뿍 칠하시오."

"대감, 무슨 말씀이십니까?"

"내가 시키는 대로 하게나."

목수들은 그의 말대로 기름칠을 해 가며 정자를 지었다. 훗날 이정자는 선조가 의주로 피난을 갈 때 빗속에서 등대 역할을 해 주었다. 바로 '화석정火石亭'이다.

그리고 이이는 다음 해에 세상을 떴다. 그가 세상을 뜨고 8년 후, 임진왜란이 터졌다. 이때 전란의 어려움을 수습하는 책임자가 된 유성룡은 크게 탄식하며 그를 그리워했다고 한다.

율곡의 시대에서 유성룡의 시대로

조선시대의 학자들은 대부분 학자로 대성하거나 벼슬길에서 탁월한 업적을 남겨 관료로 성공하거나 그도 아니면 제자를 길러 내면서 성취를 이루었는데 율곡은 이 세 가지 면을 모두 일구어 낸 큰 인물이었다. 이런 다양한 성취가 벅찼는지 그는 아쉽게도 1584년(선조17), 마흔아홉의 나이로 생을 마감했다.

세상을 뜨기 직전까지도 당파싸움에 허덕이는 조정을 걱정했고, 친구인 송강 정철에게도 당파싸움을 막아 줄 것을 부탁했다.

율곡이 세상을 떠났다는 소식을 들을 후 선조는 사흘 동안 나랏일에서 손을 놓고 슬픔에 잠겼다.

"나라의 큰 별을 잃었다. 내가 덕이 부족해 생긴 일이며, 나의 마음이 매우 아프도다."

선조 초기는 가히 율곡의 시대라 부를 수 있었다. 율곡은 정치 전면에 나서 선조와 함께 국정을 주도했다. 그러나 임진왜란이 시작되면서부터 유성룡의 시대가 시작되었다.

하늘이 낸 천재

서애 유성룡은 의성현 사촌리 외가에서 황해도 관찰사를 지낸 유중영柳仲郢과 진사 김광수金光粹의 딸 안동 김씨 사이에서 3형제 중 막내로 태어났다. 어느 날 임신한 서애의 어머니 앞에 하늘에서 어떤 사람이 내려오더니 이렇게 말했다고 한다.

"부인은 마땅히 귀한 아들을 낳을 것이니 훌륭히 키우십시오."

이 때문인지 그는 자라면서부터 남다른 면모를 보였다. 아이들과 놀 때도 쓸데없는 말이나 농담을 하지 않고 오직 공부에만 열중했다. 네 살 때부터 책을 읽기 시작해 여섯 살에는 《대학》을, 여덟 살에는 아버지에게 《맹자》를 배웠다. 아버지는 그가 한 글자도 틀리지 않고 공부에 열중하자 더 가르쳐 주지 않고 밖으로 나가 놀라고 할 정도였다. 그가 특히 좋아한 구절은 "백이는 눈으로는 나쁜 색을 보지 않고, 귀로는 음탕한 소리를 듣지 않는다."라는 글귀였는데 잠잘 때도 잊지 않을 정도였다. 열세 살에는 동학東學에 들어가 《중용》을 배웠는데 스승들은 그가 큰 학자가 될 거라는 이야기를 자주 했다.

열일곱 살에 광평대군의 후손인 이경李坰의 딸 전주 이씨와 혼인했고 열아홉 살에는 관악산에 들어가 공부했다. 어느 날 밤, 묵고 있는 절의 스님이 지나가면서 그에게 말했다.

"깊은 산중에서 홀로 공부하는 데 도적이라도 들이닥칠까 무섭지 않으시오?"

"사람은 진실로 측량하기 어려운데 어찌 누가 도적이고, 누가 아니라는 것을 알 수 있겠습니까?"

서애는 이렇게 대답하고는 계속 글을 읽었다. 스님은 서애가 어리지만 뜻이 굳은 것을 보고 훗날 반드시 큰 인물이 될 것이라고 여겼다. 그 스님은 도를 닦는 사람이었는데 하도 서애가 끈질기게 공부하는 것을 보고 시험해 본 것이라고 한다. 서애는 만년에 이때 읽은 《맹자》로 유가사상을 비로소 이해하게 되었다고 말하곤 했다.

스물한 살에는 도산서원의 퇴계 이황 선생을 찾아가 몇 달 동안 머물면서《근사록近思錄》을 비롯한 성리학 저서들을 공부했다. 이황은 그를 한 번 보고 나서 "이 사람은 하늘이 낸 사람"이라고 말했다. 그 후 그는 이황의 학문을 마음에 품고 평생 스승으로 삼았다. 1564년(명종 19)에는 생원, 진사시 초시에, 다음 해에는 회시會試에 합격했으며 그다음 해에는 문과에 급제해 승문원 권지정자權知正字가 되었다.

서애는 특히 성격이 원만해 조정의 명수로 일컬어졌다. 싸움을 말리고 일을 조정하며 헐뜯는 말을 입에 담지 않는, 그야말로 모범적인 정치가였다. 그런 덕분인지 그 후 서애는 승승장구해 청요직만을 골라 승진했다. 1570년(선조 3)에 성균관전적, 공조좌랑이 되었으며, 그 해 가을에는 서장관으로 명나라에 갔다.

그는 명나라에서 사신을 인도하는 서반序班에 5품짜리 승려와 도인道人을 앞장세우자, 유학자가 승려의 뒤를 따라가서야 되겠느냐고 따져 그들을 사신의 뒤에 따라오게 했다. 또 이 나라의 이름난 유학자로 누가 있느냐고 물어, 명나라 태학생들이 "진백사陳白沙와 왕양명王陽明이 도학의 종주입니다."라고 대답하자, "진陳의 학문은 정밀하지 못하고 왕王은 선학禪學에서 나온 것이니 설선薛瑄을 종주로 하는 것이 어떻겠습니까?"라고 말했다.

설선은 명나라의 유학자로 오강재吳康齋와 함께 정주학程朱學을 닦은 인물이다. 이것은 그가 이미 양명학을 이해하고 있고, 퇴계 입장에서 양명학을 비판한 것이라고 할 수 있다. 이 말을 들은 신안인新安人 오경吳京이 좋아하면서 앞으로 나와 "근래 학술이 모두 틀려 선비의 추향을 잃었는데 공이 능히 정론을 발해 배척하니 오도吾道의 다행이다."라고 하면서 매우 경탄했다고 한다.

이렇듯 그가 명나라에서 주자학을 선양했다는 소식을 들은 퇴계 역시 그가 돌아온 후 큰 칭찬을 아끼지 않았다.

조선 정치계의 엘리트

1569년 10월. 선조는 군신들이 모인 자리에서 이렇게 물었다.

"짐이 옛날의 군주 가운데 어떤 군주와 같다고 보는가?"

"전하, 전하의 다스림이 요순과 같사옵니다."

정이주鄭以周의 대답이었다.

"신의 생각으로는 요순이라고 할 만하기도 하고, 걸주桀紂(중국 하 왕조 최후의 왕. 포악하고 사치한 임금으로 알려짐)라 할 만하기도 하다고 보옵니다." 김성일의 대답이었다.

이 말을 들은 선조의 얼굴색이 변했다. 신하들은 모두 겁을 먹고 어쩔 줄을 몰랐다.

그때 서애가 나섰다.

"전하, 두 사람의 말이 다 옳습니다. 정이주가 요순과 같다고 한 것은 임금을 그렇게 만들고자 한 것이오, 김성일이 걸주에 비유한 것은 그렇게 되지 않도록 경계한 것이니 모두 임금을 사랑하는 마음에서 한 말이옵니다. 부디 괘념치 마시옵소서."

서애의 말을 들은 선조는 노기가 풀리면서 술을 내렸다. 실로 대단한 용기와 임기응변이었다.

서애는 또한 효자였다. 이조좌랑으로 있을 당시 아버지 상을 당했는데 돌아가시기 직전까지 그는 극진하게 아버지를 간병했다. 잠도 자지 않고, 고름을 빨아냈지만 끝끝내 아버지께서 세상을 떠나시자 그는 일 년간 죽만 먹고 소금과 야채를 입에 대지 않았다. 피골이 상접해서 걸을 때도 다른 사람이 부축해야 할 정도였다. 그는 장례에 관계된 것이 아니면 말을 하지 않고 형인 운룡雲龍과 번갈아 아침저녁으로 상식을 올렸다. 장사지내는 예법은 모두 주자의 《가례家禮》를 따랐으며 묘는 천등산에 썼다.

삼년상을 마친 후 조정에서는 그를 요직에 제수했으나 홀로 남은 어머니를 봉양해야 한다며 모두 사양했다. 하지만 이 시기는 서애가 속한 동인이 조정에서 득세하고 있던 시기여서 계속 관직에 불려 나갔다.

그는 동부승지, 이조참의, 부제학 등 중앙의 청요직을 두루 역임했다. 1582년(선조 15)부터는 벼슬이 더욱 높아져 대사간, 도승지, 대사헌, 대사성, 예조판서 등의 기관장을 두루 맡았다.

그러나 이즈음 당쟁이 격화되어 의주목사였던 서익徐益이 서애와 율곡, 정여립의 잘못을 공격했다. 그리하여 물러난 서애는 이후 3년간 조정에서 아무리 불러도 나가지 않았다. 그동안 서애는 남계서당濫溪書堂, 옥연서당玉淵書堂을 지어 후학을 양성하고 퇴계의 문집을 펴내는 등의 일을 했다. 그러다가 1588년(선조 21)에 형조판서 겸 홍문, 예문관대제학으로 불려나가 병조판서와 예조판서까지 역임했다. 그러다가 어머니가 세상을 떠나고 정여립의 난이 일어나 자신까지 연루되는 일이 생기자 자리에서 물러났다.

스물다섯 살에 문과에 급제해 출사한 이후 쉰일곱 살에 영의정에서 물러나기까지 30여 년 간에 걸친 그의 정치적 생애는 마흔여덟 살(선조 22)을 기준으로 전기와 후기로 나뉘어진다. 전기에는 국정 운영에 참여하기는 했지만 대체로 언관직이나 승지직에 머물면서 국정보다는 이를 감독하고 비판하는 자리에 있었고, 부친상 등으로 자주 관직에서 물러났다.

이에 비해 마흔여덟 살이 되던 해 이후부터는 임진왜란 초에 대신으로서 왜란을 책임지고 잠시 벼슬에서 물러나기는 했으나 도체찰사로서 국정의 중심에 서 있었다. 이러한 서애의 애국적 활동은 열 살 연하인 20대의 선조에게 강한 인상을 주었을 것이며 그것은 서애에 대한 절대적인 신임으로 표출되어 그의 정치 활동을 뒷받침해 주는 유력한 배경이 되었다.

도요토미 히데요시와 통신사

서애는 곧 우의정이 되었고 풍원부원군에 봉해졌다. 그런데 1591년(선조 24) 서애가 좌의정으로 있을 때 일본에 통신사를 파견하는 문제가 생겼다.

일본의 도요토미 히데요시豊臣秀吉는 1587년(선조 20) 6월 대마도주 종의조宗義調를 통해 조선에 통신사를 파견해 줄 것을 요구했다. 종의조가 죽자 그 후계자인 종의지宗義智가 이듬해 봄 부산포에 들어와 통신사를 보내지 않으면 변란이 일어날지도 모른다는 협박을 했다. 이에 조선에서는 일본에 조선의 반민을 송환하면 통신사를 보낼 수 있다고 응답했다. 종의지는 그의 가신 야나가와柳川를 보내 조선 반민 10여 명을 보내올 것을 요구했다. 서애와 이덕형 등이 강력히 주장해 1590년(선조 23)에 첨지 황윤길黃允吉을 통신사, 사성 김성일金誠一을 부사, 전적 허성許筬을 서장관으로 삼아 종의지를 따라 일본에 가게 했다.

일행은 7월에 일본에 도착했으나 도요토미 히데요시가 관동지방을 토벌하러 자리를 비우고 있었기 때문에 11월에야 그를 접견할 수 있었다. 그의 답서는 "명을 칠 터이니 조선은 길을 빌려 주고 앞장서라."는 것이었다.

통신사 일행은 다음 해 3월 서울로 돌아왔다. 선조는 세 사신에게 일본의 동향을 물었다.

"일본은 이미 많은 병선을 준비하고 있습니다. 분명 큰 전쟁이 일어날 것입니다."

서인 측 사람인 황윤길은 이렇게 보고했다. 그러나 동인 측 사람인 김성일의 의견은 달랐다.

"쳐들어올 낌새는 느끼지 못했습니다. 그리 걱정할 필요는 없다고 봅니다."

통신사로 다녀온 인물들의 의견이 이렇듯 달랐고 당파에 따라 지지하는 사람도 달랐다.

서애는 조정을 나서며 친구인 김성일에게 물었다.

"만약 일본이 침략해 온다면 그 책임을 어찌 벗어나려고 그리 말했는가?"

"나도 일본이 침략해 오지 않는다고 장담할 수는 없네. 하지만 그런 말이 퍼지면 민심은 얼마나 동요하겠는가? 그래서 그리 꾸며 한 말일세."

서애는 김성일의 깊은 뜻을 헤아렸다. 김성일도 곧 군사를 기르고 무기를 확보할 것을 건의해 침략에 대비하자고 했다. 하지만 역사적으로 보았을 때 김성일은 큰 실수를 한 셈이 되었다.

사태를 파악한 서애는 일본이 명을 친다는 사실을 즉시 명나라에 알려야 한다고 주장했다. 그러나 이에 대해서도 조정에서는 의견이 일치하지 않았다.

"아니 될 말입니다. 공연히 명나라에 그 사실을 알렸다가 오히려 조선과 일본이 서로 짜고 명을 공격하는 것이 아니냐는 오해를 받을 가능성이 있으니 숨기는 것이 상책입니다."

영의정 이산해가 반대했다.

"어차피 알게 될 일입니다. 차라리 보고하는 것이 나을 것입니다."

서애는 자신의 생각을 굽히지 않았다.

아니나 다를까 일본에 억류되어 있던 복건인, 허의후許儀後가 이 사실을 명나라에게 알렸고 유구도 사신을 보내 보고했다. 명나라는 처음에는 조선을 의심했으나 조선의 사신이 뒤늦게나마 도착한 것을 보고 의혹을 풀었다.

그러던 1592년(선조 25) 4월. 드디어 임진왜란이 발발했다. 선조는 유성룡을 병조판서에 임명했다. 서애는 권율을 의주목사에, 이순신을 전라도좌수사에 추천해 병란을 대비했다. 이 두 사람 모두 낮은 지위에 있었으나 후일 큰 공을 세운 것을 보면 서애의 사람 보는 눈이 어느 정도인지를 알 수 있다.

유성룡은 도순변사 신립을 불러 물었다.

"오늘 적의 동태가 어떠한가?"

"두려울 것이 없습니다. 병사들의 사기도 충천해 있고, 감히 왜국 따위가 어찌 조선을 이길 수 있겠습니까."

신립은 밝은 표정으로 대답했다.

"그렇지 않다. 과거의 왜적은 단지 칼이나 창만 가지고 덤볐으나 지금은 조총을 가지고 있으니 절대 가볍게 보아서는 안 될 것이야."

"조총을 가지고 있다고 해도 어찌 수많은 우리 병사들을 다 쏘아 맞출 수 있겠습니까. 너무 걱정 마십시오."

"국가의 태평함이 오래되어 병사들이 겁이 많고 마음이 약하니 만약 변란이 일어나면 감당하기 어려울 것이다. 내 생각으로는 한 몇 년 정도 군사훈련을 받으면 충분히 수습될 수 있을 것이기는 하나 지금은 걱정되는구나."

하지만 신립은 서애의 말뜻을 제대로 깨닫지 못하고 돌아갔다.

임진란이 일어나자 서애는 제승방략制勝方略을 버리고 진관체제鎭管體制로 돌아가야 한다고 주장했다. 제승방략은 을묘왜변 때부터 실시하던 분군법分軍法으로, 군대를 각 읍에 나누어 주고 이들을 순변사, 방어사, 조방장, 도원수, 병마사가 와서 통괄하게 하는 전법이었다.

그런데 변란이 생겨 군사는 모여 있는데 장수들이 오지 않은 채 적이 들이닥치면 군사가 무너져 버려 그 후에 장수들이 오더라도 수습을 할 수 없다는 단점이 있었다. 그래서 서애는 조선 초기의 제도대로 각 도의 군병을 진관에 배속시켜 일이 있을 때 주장의 호령을 받게 한다면 비록 하나의 진鎭이 무너지더라도 다른 진이 지킬 수 있어서 군사가 한꺼번에 무너지는 일은 없을 것이라고 주장한 것이다.

그러나 이미 실시되고 있는 제승방략을 갑자기 폐지할 수는 없다는 의견에 가로막혀 그의 주장은 시행되지 못했다. 임진왜란 때 조선군이 빠른 왜군의 진격을 막아 내지 못하고 허무하게 무너진 것도 이 제승방략 때문이었다.

왜란

신립이 충주 탄금대撣琴臺에서 배수진을 치고 왜군을 맞아 싸우다가 패했다는 소식이 들려 오자 선조는 평양으로 피난할 생각을 했다. 서애는 피난 전에 우선 세자를 세울 것을 건의했다. 만약의 사태를 대비하기 위해서였다. 그리하여 광해군이 세자가 되어 선조를 따라갔고 여러 왕자들은 각 도에 나누어 보내 근왕병勤王兵을 모으게 했다.

선조는 김성일이 일본에 통신사로 다녀와서 일본이 침략할 기미가 없다고 고했는데 전쟁이 났으니 나서서 막으라고 경상우병사로 임명했다. 일종의 문책이었다. 그러자 서애가 말렸다.

"전하, 이미 일전에 고한 것은 민심을 혼란하지 않게 하려는 뜻이었다고 하니 심하게 허물 삼을 일은 아닙니다. 문신인 그가 전장에서 할 수 있는 일이 무엇이겠습니까. 부디 통촉하여 주시옵소서."

이는 친구인 김성일을 위해 어려운 말을 꺼낸 것이었다. 그는 선조를 설득해 김성일을 초유사招諭使로 임명했다. 초유사는 난리가 일어났을 때, 백성을 타일러 경계하는 일을 맡아 하던 임시 벼슬이다.

선조가 도성을 버린다는 소문이 퍼지자 분노한 백성들이 대궐을 불태우고 난동을 부렸다. 온갖 난리통에 간신히 평양에 도착했지만 왜군이 파죽지세로 평양성까지 함락할 위험에 처하고 말았다. 다시 피난을 해야 했다. 서애는 백성들을 달래는 한편 임금에게 평양성까지 버려서는 안 된다고 설득했다.

"전하, 평양성을 버릴 수는 없습니다. 왜냐하면 지금의 상황이 서울과 다르기 때문입니다. 성을 지키려는 평양 백성들의 의지가 강할뿐더러 앞에는 대동강이 있고 서쪽으로는 명나라가 가까우니 버틴다면 명나라 군대가 와서 적을 물리칠 수 있을 것입니다. 또 명나라 군대를 청해 놓고 북쪽으로 달아났다가 적이 명으로 가는 길을 막아 명군과 소식이 끊기면 어찌합니까. 그러면 오랑캐의 땅으로 달아나시렵니까?"

서애는 이렇듯 임진왜란 내내 백성을 달래고, 평지풍파가 이는 조정을 바로 잡고, 임금을 보필하느라 정신없는 세월을 보냈다.

선조가 다시 돌아왔을 때는 서울은 폐허가 되어 도적이 들끓고 기근이 겹쳐 그야말로 눈뜨고는 볼 수 없는 상황이었다. 서애는 이런 상황에서 영의정에 임명되어 이 난국을 헤쳐 나갈 책임을 맡았다. 그는 굶주린 백성을 구제하고, 훈련도감을 설치하고, 당속미 1만 석을 풀어 용병을 모집해 조총과 칼, 창을 쓰는 훈련을 시켰다.

선조는 왕으로서 자리에 머물러 있을 체면이 서지 않아 세자에게 선위하겠다고 했으나 이 또한 서애가 말렸다. 임진왜란에 원병을 보낸 명나라는 내란이 일어나 망했는데도 의주로 도망갔던 선조는 계속 집권했고 나라도 그 후 200년이나 더 버텼다.

그 후 왜군과 명군의 대치는 오랫동안 계속되었는데 왜적은 남해안에 성을 쌓고 버티고 있었고 명군은 공격하는 데 소극적이었다. 서애는 병 때문에 사직하려고 했으나 선조가 놓아 주지 않았다. 그러던 중 이순신이 조정의 명을 거역했다는 이유로 선조는 이순신을 잡아들여 사형에 처하라고 명했다. 그러자 서애는 이순신이 아니면 지금 한산도를 지킬 사람이 없다며 그를 변호했다. 하지만 당쟁의 시대인지라 서인들이 모두 일어나 이순신을 공격했고 동인들은 이런 포화 속에서 그를 비호했다. 결국 이순신은 간신히 사형만 면하고 백의종군하게 되었으나 이 사건을 계기로 오랫동안 정국을 주도해 온 서애에 대한 공격이 이어졌다.

1598년(선조 31) 9월에 명나라와 왜의 화의가 깨지자 정유재란이 일어났다. 명나라는 조선이 일본과 내통해 자신들을 속였다고 크게 화를 냈고 조정에서는 대신을 보내 이를 누그러 뜨려야 했다. 선조는 서애에게 명에 가 줄 것을 요청했으나 그는 어머니의 노환을 이유로 사양했다.

그러자 곳곳에서 서애에 대한 탄핵이 시작되었다. 또 서애가 화의 和議를 주도했다고 맹렬히 공격했다. 그가 삭탈관직된 후 왕십리에 물러가 있는 동안 사람들은 그와 연루될까 봐 아무도 찾아오지 않았는데 이항복만이 그를 찾아갔다. 서애는 이항복을 반갑게 맞았다.

"공은 본디 우리 집을 잘 오지 않는데 오직 평양에서 한 번, 그리고 이곳에 두 번째 찾아왔습니다. 그러고 보니 공은 반드시 다른 사람이 오지 않을 때 오는군요."

서애는 이렇게 말하면서 그와 온종일 담론했다. 이항복이 그의 얼굴을 살폈지만 분한 기색은 전혀 찾아볼 수 없었다 한다.

그래서 이항복은 서애의 어머니가 세상을 뜬 후 그의 모함을 씻어주고자 노력하면서 조정에 그를 천거했고 선조는 이를 받아들여 관직을 내렸다. 하지만 그는 병 때문에 나가지 못했다. 병이 심해지자 그는 유소를 올린 후 장사를 화려하게 지내지 말 것 등을 당부한 후 세상을 떴다.

국난의 시대

서애는 급진적이고 강경한 노선보다는 합리적이고 온건한 정치 노선을 가지고 있었고, 형세가 불안하면 다음을 기다리는 느긋한 성향을 가진 인물이었다. 그래서 명분을 내세워 과감하게 논리를 펴는 율곡의 주장과 개혁론을 경계했다. 율곡 또한 서애를 "재주는 뛰어나나 때로 이해利害에 흔들린다."고 평가했다.

율곡은 공론 중심의 사림정치를 주장한 반면에 서애는 군주 중심의 관료정치를 주장했기 때문이다.

비록 두 사람은 동인(유성룡)과 서인(이이)으로 정치적 입장이 달랐으나 한평생 동인과 서인의 화합에 힘썼던 것은 사실이다. 율곡이 동인을 공격하는 서인을 다독였다면, 서애는 동인의 언론이 과격한 방향으로 흐르지 않게 이끌었다.

훗날 허균은 이를 두고 이렇게 표현했다.

선조의 정치는 맑았다고 할 수 있다. 당시 왕을 보필했던 신하들은 많았지만, 애호하여 서로 믿었던 사람은 이이였으며 전권을 맡겨 일하도록 책임지운 사람은 유성룡이었다.

율곡이 십만양병설을 주장하지 않았다고 해서 그의 업적을 모두 평가절하할 것은 아니다. 또한 유성룡이 십만양병설을 반대했다고 해 그의 수많은 업적이 무용지물이 되는 것도 아니다. 그는 죽기 전까지 10여 년을 후손들을 위해 《징비록懲毖錄》(7년간의 임진왜란의 원인과 전황 등을 기록한 야사)을 쓰는 데 보냈다. 그럼에도 불구하고 다시 그때가 온다면 그들은 똑같은 선택을 할지도 모른다. 우리에게 주어진 몫은 그 역사로부터 무엇을 배워야 하는가일 뿐이다.

만약 이순신이 남쪽 바다를 지키지 못해 일본의 수군이 군량미를 싣고 평양으로 진격했고, 나아가서 명나라 해안을 공격했다면 명은 조선에 원병을 파견할 겨를이 없었을 것이다. 그렇게 되었다면 아마 우리는 지금 일본어를 사용하고 있을지도 모른다. 그래서 서애는 이것을 "하늘이다."라는 운명론을 부르짖었다.

궁금증은 또 있다. 왜 고니시 유키나가小西行長는 심유경沈惟慶과 휴전회담을 맺는데 4개월이나 걸린 것이며, 일본군이 평양에서 더 이상 진격하지 않은 까닭은 무엇일까? 조선을 침략한 도요토미 히데요시의 막부와 도와준 명나라는 망해 버렸는데, 7년 동안 전쟁으로 초토화된 조선은 꿋꿋이 살아남아서 복수설치復讐雪恥(복수하여 치욕을 씻는다)를 부르짖으며 청나라를 치자는 북벌론北伐論을 주장한 것은 어떻게 설명해야 할까?

조선을 만든 사람들

5

주화인가, 척화인가

최명길 vs. 김상헌

● 1637년 1월 18일

눈보라와 혹한을 뚫고 청 태종의 최후통첩이 남한산성으로 전해졌다.

조선 국왕은 짐 앞에 항복을 하든가, 아니면 전쟁을 청하라.

청나라의 침입을 피해 백성을 버리고 이곳으로 피난을 온 지 어언 한 달여. 어떻게든 전쟁을 막아 보려는 주화파와 그럴 수 없다는 척화파가 으르렁대는 사이, 청 태종은 더는 기다리지 않고 최후통첩을 보냈다.

소식을 접한 인조의 얼굴은 일그러졌다. 명나라에 대한 의리만을 부르짖던 대신들은 지금, 차가운 바닥에 쭈그려 앉아 침묵할 뿐이었다. 이윽고 무거운 침묵을 깨며 영의정 김류가 말을 꺼냈다.

"전하, 이조판서 최명길로 하여금 다시 한 번 국서를 보내 보는 것이 어떻습니까? 그래도 저들의 사정을 잘 아는 이가 이판인 줄로 아뢰오."

최명길이 고개를 들어 김류를 쏘아보았다.

'항복은 의리를 모르는 개돼지라며 중벌로 다스리라더니!'

불끈 핏줄이 곤두서는 듯했지만 종사가 걸린 큰일인지라 최명길은 중신들이 지켜보는 가운데 묵묵히 국서를 작성했다.

지난 10년간 형제의 나라로서 도리어 죄를 지었으니 반성하며 뉘우칩니다. 이제 마음을 고쳐 지난날의 죄를 깨끗이 씻고…… 황제의 덕이 하늘과 같아 반드시 불쌍히 여겨 용서하실 것이라 믿고 감히 진정을 토로하옵니다.

1차로 완성된 국서를 돌려 읽던 대신들은 아무 말도 할 수 없었다. 사실상의 항복문서나 다를 바 없었기 때문이다. 하지만 나라의 존망이 걸린 문제였다. 그때 예조판서 김상헌이 들이닥쳤다.

　　"이보시오, 아니됩니다. 다시 국서를 보내겠다니요!"

　　김상헌은 국서를 빼앗아 그 자리에서 찢어 버렸다.

　　대신들이 달려와 말렸으나 김상헌은 광분하며 최명길에게 소리쳤다.

　　"그대의 아버지는 지조 있는 선비셨는데 그대는 어찌하여 그 모양인가. 이 사실을 안다면 자네 선대부께서 지하에서 통곡하실걸세!"

　　"대감의 마음을 이해 못 하는 바는 아닙니다. 국서를 찢는 사람도 없어서는 안 되고, 반대로 국서를 붙이는 사람도 없어서는 안 되겠지요. 대감께서는 찢으셨지만 저는 도로 주워야겠습니다."

　　최명길은 조용히 대답하며 흩어진 종잇조각을 하나하나 주웠다.

　　"청나라 오랑캐에 빌붙어서 연명하는 것이 조정의 생각이라면 더는 말리지 않겠소. 하지만 오랑캐를 만나면, 내가 국서를 갈가리 찢고 그놈들의 목을 따고 말겠다 했다고 꼭 전해 주게나. 조선에는 자네 같이 비겁한 자들만 있는 것이 아니라 의리 있는 자들도 많다고 말일세!"

　　김상헌은 이 말을 마치고 밖으로 뛰쳐나갔다. 대신들은 모두 그의 뒷모습을 망연히 바라볼 뿐이었다.

　　가는 길은 다르지만 어느 길이라고 충성의 길이 아닐까? 나라를 살리고자 화친을 주장하는 자신이나 목숨을 내 놓고 명과의 의리를 저버릴 수 없다고 주장하는 김상헌이나 다 같이 충성스러운 신하인 것을. 그의 가슴속으로 시린 바람이 지나갔다.

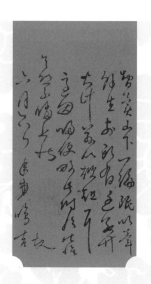

스스로의 역량을 돌아보지 않고 대언을 일삼아
견양의 노여움을 촉발시켜 생명을 도탄에 빠뜨리고
종사를 위기로 몰아넣는 것은 죄악이니,
조선의 최우선 과제인 생존을 생각하라.

● 최명길의 필체 : 성리학과 문장에 뛰어나고, 글씨에 있어서도 동기창체董其昌體로 이름이 난 최명길의 필체이다.

최명길崔鳴吉, 1586~1647년

자는 자겸子謙. 호는 지천遲川 또는 창랑滄浪. 시호는 문충文忠, 본관은
전주. 조선 중기의 영의정을 역임한 재상. 최기남崔起南의 아들로, 이항
복李恒福과 신흠에게서 학문을 배웠다. 1605년(선조 38) 문과에 급제한
후 예문관전적, 병조좌랑 등을 역임했으며 조익趙翼, 장유張維, 이시백李
時白 등과 교유하는 한편, 양명학을 공부하였다. 인조반정 후 정사공신
靖社功臣 1등으로 책록되었으며, 이후 이조참판, 부제학, 이조판서, 예
조판서를 비롯해 삼정승을 역임했다. 부제학 재직 시 대동법 시행을 주
장했으며 정묘호란과 병자호란 때에는 주화론主和論을 주장했다. 이밖
에도 원종元宗 추승을 성사시키는 데 공헌했고 이조판서 재직 시에는
이조전랑의 자대제自代制의 혁파를 주장하고, 음관蔭官의 초입사직을
제한하는 등 관제개혁을 통한 대신권大臣權의 강화를 꾀하기도 했다.

자고로 죽지 않는 사람이 없고 망하지 않는 나라가 없다.
죽고 망하는 것은 참을 수 있으나, 반역을 따르는 것은 할 수 없다.
명의는 지중하고 범하면 역시 재앙을 받는다.
그럴 바에야 바른 것을 지키고 하늘의 명을 기다리는 것이 낫다.

● 설고시첩 : 병자호란(1636~1637년) 때 척화斥和를 주장하였다가 심양에 볼모로 잡혀가 있는 동안(1640~1641년)
에 지은 기행 한문 시첩. 심양에 함께 잡혀갔던 조한영(1608~1670년)이 편찬했다.

김상헌金尙憲, 1570~1652년

자는 숙도叔度. 호는 청음淸陰 또는 석실산인石室山人. 본관은 안동. 조선 중기의 문신. 어린시절 윤근수尹根壽 등에게 수학했다. 1590년(선조 23) 진사시에 합격하고, 1596년 문과에 급제해 통례원 인의引儀가 된 후 예조좌랑, 시강원사서司書, 이조좌랑, 홍문관수찬 등을 역임했다. 인조반정에 참여하지 않은 청서파淸西派의 영수이며, 병자호란 때는 끝까지 척화론斥和論을 주장했다.

1633년부터 2년 동안 5차례나 대사헌에 임명되었으나, 강직한 언론활동을 벌이다가 출사와 사직을 반복했다. 병자호란 때는 척화론을 주장했으나 항복한 이후에는 식음을 전폐하고 두문불출했다.

이후 청나라로부터 삼전도三田渡 비문을 부셨다는 누명을 쓰고 1641년 심양瀋陽에 끌려가 이후 4년여 동안 잡혀 있었으나 강직한 성격과 기개로 청인들의 굴복 요구에 불복하며 끝까지 저항했다. 1645년 소현세자와 함께 귀국했지만, 인조가 척화신斥和臣을 탐탁지 않게 여기자 벼슬을 버리고 은거했다. 1649년 효종이 즉위한 뒤 대현大賢으로 추대받아 좌의정에 임명되었다. 저서로는 《청음집淸陰集》, 《야인담록野人談錄》, 《독례수초讀禮隨鈔》, 《남사록南槎錄》 등이 있다.

정묘호란과 병자호란이라는 국난 앞에서 극명하게 대립했던 최명길과 김상헌. 후대 사람들은 그들을 17세기 최대의 라이벌이라고 부른다.

젊은 시절에는 학문에 뜻을 두고 비슷한 길을 걸었지만 인조반정을 계기로 두 사람의 정치노선은 달라졌다. 최명길은 반정에 참여해 공신이 되었고, 김상헌은 의리와 명분을 내세워 폐비정청廢妃庭請에는 반대했지만 반정에는 직접 참여하지 않았다. 게다가 정묘호란과 병자호란이 연이어 터지면서 최명길은 주화主和를, 김상헌은 척화斥和를 주장하면서 두 사람은 멀어졌다. 당시 최명길은 전쟁을 끝내는 것만이 나라를 살릴 수 있는 길이라 여겼고 김상헌은 명분이 사라진 후라면 얻을 수 있는 것은 아무것도 없다고 보았다.

인조가 항복한 후 최명길은 서울로 돌아와 우의정과 좌의정을 지냈고 김상헌은 안동으로 내려가 두문불출했다. 그러나 삼전도비문을 부쉈다는 누명을 쓰고 김상헌이 청나라에 잡혀간 후 얼마 지나지 않아 최명길 역시 명나라와 내통하다가 청나라에 붙잡혀 갔다. 두 라이벌들은 포로의 몸으로 이역만리 타국 감옥에서 다시 만나게 된 것이다. 차가운 북쪽 땅에서 둘은 서로의 입장을 이해하게 되었을까? 귀국한 두 사람이 나란히 재상이 되어 일한 것을 보면 그런 짐작이 가능하다. 그러나 아쉽게도 후손들은 두 파벌로 나뉘었다. 최명길의 후손들은 소론이 되어 정치적 힘을 잃었다. 반면에 김상헌의 후손들은 노론이 되어 세력을 잡고 훗날 안동 김씨의 세도까지 누렸다.

공자가 되고자 했던 병약한 소년

최명길은 영흥부사를 지낸 아버지 최기남과 함경감사를 지낸 류영립柳永立의 딸인 어머니 전주 류씨 사이의 셋째 아들로 태어났다. 어려서부터 그는 키가 작고 병약했다. 하지만 영특하기는 다른 아이들과 견줄 수 없을 정도였다. 여덟 살 때부터 글을 배우기 시작했고 열 살 즈음에는 문장과 한시를 잘 지었다. 하루는 그가 이렇게 말했다.

"오늘은 증자가 되고, 내일은 안자가 되고, 또 다음 날은 공자가 되리라."

평소 내심으로 그가 남다른 아이라는 것을 느끼고 있던 아버지는 이 말을 듣고 더욱 기특하게 여겼다.

'저리 영특한데 조금만 더 건강하고 튼튼하면 좋으련만……'

최명길은 열네 살에 주자서와 성리서를 배웠는데 온종일 공부를 하고 집으로 돌아와서도 외우기를 그치지 않았다. 성균관에 입학한 후에는 또래들이 그를 한번 만나 보는 것만으로도 영광으로 여길 정도였다. 이러한 기대처럼 그는 1605년(선조 38)에 생원시에 장원, 진사시에 8등을 했으며 그해 가을 문과 병과에 급제해 승문원관원으로 뽑혔고 사관史館에 추천되었으나 나가지 않았다. 그러다가 열일곱이 되면서 이항복, 신흠, 김장생 문하에서 공부했다. 그를 사위로 삼고 싶어 한 신흠은 종종 주변 사람들에게 이렇게 말했다.

"최명길은 비록 병약하나 정신이 맑고 단련되어 정련된 금이나 아름다운 옥과 같다. 훗날 틀림없이 세상에 이름을 날릴 그릇이 될 것이다."

그는 우찬성 장만의 딸과 혼인했지만 아들이 없었다. 그는 자신의 몸이 약한 탓으로 여기고 조카 후량後亮을 양자로 삼았다. 후에 둘째 부인 허씨가 아들 후상後尙을 낳았지만 그는 이미 부자父子의 의리를 정했으니 다시 번복할 수 없다고 생각해 조정에서 허락을 얻은 후 양자에게 제사를 맡겼다.

인조반정

김상헌은 최명길보다 16년 먼저 돈녕부도정이었던 아버지 김극효 金克孝와 정유길鄭惟吉의 딸 동래 정씨의 넷째 아들로 태어났다.

어렸을 때부터 배우기를 좋아했고 《소학》으로 스스로를 다스렸다고 한다. 1596년(선조 29) 문과에 급제해 부수찬, 좌랑, 부교리를 지냈고, 1608년(광해군 즉위)에 문과중시에 뽑혀 사가독서賜暇讀書한 뒤, 동부승지까지 올랐으나 1615년에 지은 〈공성왕후책봉고명사은전문恭聖王后冊封誥命謝恩箋文〉이 왕의 뜻에 거슬려 파직되었다.

최명길은 그 후 성균관전적, 사헌부감찰을 거쳐 공조좌랑이 되고 병조정랑의 자리에 올랐다. 그러던 1623년 3월 12일, 인조반정이 일어났다. 반정은 신경희申景禧가 능양군綾陽君(훗날 인조)의 동생 능창군綾昌君을 추대하려다가 죽임을 당한 사건을 계기로 능양군의 인척인 신경진, 신경유, 신경인 등 평산 신씨와 구굉, 구인후, 구인기 등 능성 구씨의 무인 세력이 주도하고 김류, 이귀, 최명길, 김자점 등 문신 세력이 가담해 이루어졌다.

신경진과 구굉은 먼저 군사를 동원할 수 있는 무신 이서와 체찰부사 장만을 설득하고 나아가 장재가 있는 김류, 이귀와 그 아들 이시백, 이시방, 최명길, 김자점, 심기원, 장유, 장신 등 문신들을 포섭한 다음 마지막으로 장신을 통해 훈련대장 이흥립을 끌어들였다. 인목대비의 서궁유폐사건은 반정의 분위기를 고조시켰다. 그러나 김상헌은 의리에 어긋나는 일이라며 폐모론을 격렬히 반대하면서 낙향했다.

반면 최명길은 시일을 오래 끌면 대사를 그르칠 수 있다고 판단하고 스스로 점을 쳐서 거사일을 정했다. 그리고 1623년 3월 12일, 한밤중에 반정군이 홍제원에 모여 창의문을 거쳐 창덕궁으로 밀고 들어가 반정을 성공시켰다. 광해군은 사다리를 타고 궁성을 넘어가 의관醫官 안국신의 집에 숨어 있다가 잡혀왔다. 능양군은 3월 13일에 인목대비를 복위시키고 인목대비의 명으로 경운궁에서 즉위했다. 그리고 광해군을 폐위해 강화로 유배시키고 이이첨李爾瞻 등을 처형했다.

반정이 성공하면서 최명길도 승승장구했다. 3월 14일 인조는 이귀를 이조참판, 김류를 병조참판, 홍서봉을 병조참의, 최명길을 이조좌랑으로 삼아 반정공신들로 하여금 문, 무관의 인사를 맡도록 했다. 이때 최명길은 1등 공신에 올랐고 그의 형 최내길은 3등 공신에 책봉되었다. 동생 최혜길도 처음에는 녹훈錄勳에 끼었으나 한 집안에서 너무 여러 사람이 공신이 되는 것이 바람직하지 않다며 사양했다.

인조는 집권체제를 안정시키기 위해 정권의 정통성을 인정받아야 했다. 따라서 이전 광해군 정권의 부도덕성을 널리 알릴 필요가 있었다. 인조는 즉위교서에서 반정의 명분이 광해군의 패륜과 대명의리對明義理 위배에 있음을 천명했다. 그리하여 광해군 대의 관료 가운데 40퍼센트를 처벌하고 성학聖學 교육을 통해 성리학적 사회질서를 확립하고자 했다. 이에 김장생, 박지계, 장현광, 김집, 송시열, 송준길 등의 산림山林 인사들을 불러모았다. 그리고 성균관사업, 시강원 진선, 보덕직을 신설하여 이들을 앉혔다.

덕분에 최명길은 1624년(인조 2)에 이조참의로, 곧이어 이조참판으로 승진했다. 불과 1년 만에 이조좌랑에서 참판까지 오른 것이다. 이것은 그가 인조에게 얼마나 큰 신임을 받고 있었는가를 보여 주는 증거이기도 하다. 김상헌도 1624년(인조 2) 이즈음 다시 등용되어 대사헌, 대사성, 대제학을 거쳐 육조의 판서를 두루 역임했다.

그해 정월 24일에는 이괄의 난이 일어났다. 이 사건은 이괄이 반정 당시 용맹하게 군사를 지휘해 큰 공을 세웠음에도 몇몇 반대 세력에 의해 2등 공신으로 낮춰졌기 때문이었다. 게다가 평안병사에 배치되자 그의 분노는 더욱 커졌다. 그러던 중 서인 세력에 의해 그와 하나

밖에 없는 아들 이전이 역모죄로 고변되었다. 그는 가만히 앉아서 죽기만을 기다릴 수는 없다고 여기고 군사를 일으켰다. 인조는 공주로 몽진했고 이괄은 승승장구했다. 이때 최명길은 문신의 몸이면서도 이 난을 진압하는 공을 세웠다. 인조는 무사히 환도했고 이 난과 관계된 역적들의 재산을 진무공신振武功臣들에게 나누어 주었다.

공신 VS 일반 사류

인조의 생모인 계운궁啓運宮이 위독해지면서 조정에 한바탕 회오리바람이 휘몰아치기 시작했다. 계운궁이 사망했을 때 상복을 어떻게 입어야 하는가가 문제의 발단이었다. 영의정 이원익 등은 인조가 대통을 이었으니 친부모에 대해서는 상복을 강복降服해 부장기不杖期(한 해 동안 지팡이는 짚지 않고 상복만 입는 복상)로 정해야 한다고 상소했다. 이에 반해 최명길은 삼년상을 치러야 한다고 주장했다. 인조는 조통祖統을 이어받았고 방계가 없으니 부모라는 명칭은 바꿀 수 없다는 것이 이유였다.

이와 함께 인조가 자신의 부친 정원대원군定遠大院君을 왕으로 추존하려는 추숭논의追崇論義를 일으키자 김상헌은 그것이 대의에 어긋나는 일이고 공과 사를 구분해야 할 것이라며 반대했지만, 최명길은 대의에는 어긋날지 모르나 임금의 입장이 중요하다며 인조를 지지했다.

"추숭한 나라는 망하지 않았지만 아버지를 무시한 나라는 반드시 망합니다. 아버지는 사士이고 아들이 천자天子나 제후諸侯일 때 아버지를 사士의 예로서 장사지내고 제사는 천자나 제후의 예로 지내는 것인데 이번 예식은 위에 말한 예법에 꼭 맞는 경우입니다."

그러자 이귀가 나서면서 그를 힐난했다.

"지금 이 예법의 논의에 대해서는 공론이 이미 정해졌으므로 한두 사람의 그릇된 소견으로 어긋나게 할 수 있는 것이 아닙니다. 최명길은 자신이 경악經幄의 장관으로서 선한 일은 전달하고 사특한 일은 막아야 한다는 본연의 자세를 망각하고 감히 이의를 창도해 위로 전하를 번거롭게 했으니 신들이 그만두는 것을 청할 수밖에 없습니다."

그러나 인조는 원로를 모멸한 죄가 더 크다고 하면서 오히려 최명길을 두둔했다.

인조는 장유의 견해를 따라 삼년복도, 부장기도 아닌 장기복杖期服(한 해 동안 지팡이를 짚고 상복을 입는 복상)을 입었다. 하지만 대신들의 반발은 만만치 않았다. 부제학 장경세張經世가 최명길이 자신을 공격했다며 사직을 청하자 이에 대해 최명길도 사직을 청하는 것으로 응답했다. 예론 문제를 두고 인조를 지지하는 공신 세력과 반대하는 일반 사류로 갈라져 정쟁이 시작된 것이다.

후금군이 압록강을 건너다

1627년(인조 5) 1월에 후금의 군대가 압록강을 건너왔다. 조정 대신들과 백성들은 술렁이며 두려움에 떨었다. 평양에 도착한 후금군은 화의를 청해왔다. 최명길과 이귀는 적의 기세가 강성하니 부드러운 말로 대립을 피하고 화의를 맺자고 주장했다. 그러나 인조는 강화도로 피난을 갔다. 왕이 강화에 있을 때 후금의 사신이 와서 다시 화의를 청했다. 이때 후금은 형제의 맹약을 맺고 물러갔다. 그러자 대간이 이렇게 공격했다.

"최명길이 군국의 정사를 마음대로 천단해 나라를 그르치고 일을 낭패시킨 죄가 한둘이 아닙니다. 일찍이 서울을 떠나는 계책을 정한 것도, 임진강을 지킬 필요가 없다고 시종 주장한 이도 최명길입니다. 자신의 견해를 실행하기 위해 공의公議를 억제함으로써 국사를 이렇게 막바지에 이르게 만들었으니 어찌 통분하지 않을 수 있겠습니까.

지금에 이르러서도 또 화의를 자기 책임으로 삼아 이에 교활한 오랑캐를 믿을 만하다고 하고, 항복한 장수를 충절이라고 하는가 하면, 온 나라의 힘을 다 기울여 끝없는 욕심을 채워 주고, 천승의 존엄함을 굽혀 견양의 무리를 친히 접견하게 했으니 이는 다 그가 한 짓입니다. 무릇 혈기가 있는 사람이면 분개하지 않는 이가 없으니 속히 찬출하도록 명해 백성들의 분노를 통쾌하게 해 주소서."

그러자 최명길은 임금에게 나가 청했다.

"전하. 이토록 신료들의 원성이 자자하니 신을 한직으로 옮겨 주십시오."

인조는 그를 말렸다.

"그런 말 마시오. 지금 과인은 그대가 필요하오."

결국 최명길은 임금의 뜻을 받들어 그대로 남았다.

1636년(인조 14) 봄, 후금은 청으로 국호를 바꾸고 황제를 칭하며 사신을 보내왔다.

조정은 발칵 뒤집어졌고 다시 척화파와 주화파가 대립하게 되었
다. 특히 '군신의 예'라는 대목은 관료들에게 청천벽력 같았다. 인조
는 두 파벌 사이에서 우유부단하게 왔다갔다 했다. 최명길은 화의를
주장하는 대표적 인물이었다. 대신들은 사신을 죽이는 것으로 조선
의 뜻을 알려야 한다며 흥분했다. 하지만 최명길은 달랐다.

"전하. 정묘호란 이후 10년을 평화롭게 지내 온 것은 모두 화의의
덕입니다. 부디 다시 생각하시옵소서."

그러나 조빈은 호란 이후에 조선이 자강自强하지 못한 것은 화의
때문이라며 반대 주장을 폈다. 최명길은 후금의 군주를 칸이라고 불
러야 하고 후금의 사신을 불러들여 만나 보아야 하며 만약에 박대를
하면 훗날 후회하더라도 소용이 없을 것이라고 주장했다. 그가 올린
상소문을 살펴보자.

입니다.

　대체로 간원의 의견을 받아들여 나가 싸우거나 물러나 지킬 계책을 결정하지도 못하고, 또 신의 말을 받아들여 병화를 완화시킬 계책을 세우지도 않으니 하루아침에 오랑캐의 말발굽이 휘몰아쳐 오면 체신體臣은 강화도로 들어가 지키고 수신은 정방산성正方山城에 물러가 있으면서 청북의 여러 고을을 버리어 도적에게 주는 수밖에 없을 것입니다. 그렇게 되면 필시 안주성만 홀로 온전할 수 없어서 생령이 어육이 되고 종사가 파천하게 될 것이니 이런 지경에 이르면 그 잘못은 누가 책임을 지겠습니까?

　신의 어리석은 생각으로는 대가大駕가 진주하는 것은 경솔히 의논할 수 없으나 체신과 수신은 모두 평안도에서 정무를 보고 병사도 의주에 들어가 거처해 진격만 있고 퇴각은 없다는 것을 제장諸將들과 약속하는 것이 공격하고 수비하는 보통의 전법에 부합되는 것입니다. 그리고 심양에 서찰을 보내어 군신의 대의를 모두 전달하고, 이어 추신사를 보내지 못하는 이유를 말해, 한편으로는 오랑캐의 정상을 탐색하고 다른 한편으로는 저편의 답서를 관찰해 저편이 다른 생각이 없고 그대로 형제의 예를 지키면 호씨가 논한 것을 따라 우선 전약前約을 지키고 안으로 정사를 닦아서 후일을 도모해 (옛날 거란에게 멸망한) 후진後晋의 전철을 밟지 않도록 해야 합니다. 만일 그렇지 않으면 의주와 용만을 굳게 지켜 성을 등지고 한바탕 싸워 안위를 국경에서 결정짓는 것이, 혹 만전지책萬全之策은 되지 못할지라도 대책 없이 망하기만 기다리는 것보다 낫다고 여겨집니다. 이것을 놓아 두고 도모하지 않고 기미羈縻할 계책을 말하고 싶으나 또 비방하는 소리를 들을까 두려워하니 이러지도 저러지도 못해 진퇴가 분명치 않은 것입니다.

　강물이 얼게 되면 화가 눈앞에 닥칠 것이며 소위 '너의 의논이 결정될 때

나는 벌써 강을 건넌다.'는 말은 허언이 아닐 것이니 신은 매우 통탄스럽습니다. 지금 이미 늦기는 했으나 그래도 해 볼 만하니 삼가 바라건대 전하께서는 이번 차자를 의정부에 내리시어 혹 지난번처럼 묻어두지 말고 속히 의논하고 복계覆啓해 후회하는 일이 없게 하면 몹시 다행이겠습니다.

이에 대해 오달제는 다음과 같이 반박했다.

지난번 최명길이 사신을 보내 와 서신을 통하자는 의논을 화의를 거절한 후에 발론했고, 또 삼사의 공론이 이미 제기되었는데도 오히려 국가의 사체事體는 생각지도 않고 임금의 의중만 믿고 경연에 등대한 날 감히 황당한 말을 진달해 위로는 성상의 귀를 현혹시키고 공의를 견제했으며 심지어는 탄핵이 제기되었더라도 한편으로 사신을 들여보내야 한다고 말을 했습니다. 아, '한마디의 말이 나라를 망친다.'는 이야기는 이를 두고 한 것인가 봅니다. 그 말의 전도됨이 아주 해괴합니다. 옥당이 대면해 책망하고 중론이 격분해 일어나기까지 했으니 최명길은 의당 황공해하고 위축되어 물의物議를 기다리는 것이 도리일 텐데 오히려 태연하게 차자를 올려 이치에 어긋나는 논리를 다시 전개해 오히려 강화하는 일이 끊기기라도 할까 두려워하면서 의리가 어떠한지는 물어보지 않았습니다.

무릇 대각(사헌부와 사간원을 통틀어 이르던 말. 여기에 홍문관 또는 규장각을 더하기도 함)의 의논은 체면이 몹시 중한 것입니다. 비록 대신의 지위에 있더라도 감히 대항하지 못하고 책임을 지고 사직해 불안한 뜻을 보이는 것인데 명길은 어떤 사람이기에 유독 공론을 두려워하지 않음이 이처럼 극도에 이른단 말입니까? 방자하고 거리낌 없는 죄를 바로 잡지 않을 수 없습니다. 신이 그러자 오달제의 척형이 되는 판서 이기조李基祚가 물었다.

"자네는 최명길을 맹렬히 공격하지만 그가 없어도 과연 나라에 문제가 없고, 청나라 군대가 다시 쳐들어오지 않겠는가?"

"청나라가 쳐들어온다는 말은 단지 겁을 주려는 것뿐입니다."

"눈앞의 일만 보고 그 결말이 어찌 될지 걱정이구나."

당시의 젊은 신료들은 대부분 오달제와 비슷한 생각이었다. 척화론이 우세했던 것이다. 그러나 인조와 반정공신들은 한 배를 탄 동지였다. 때문에 공신의 편을 들 수밖에 없었다.

"사람에게 잘못이 있다면 그 잘못을 책할 것이지 지위의 높고 낮음을 가리지 않고 기회를 틈타 매도한다면 옳지 못한 일이다. 최명길은 사직에 공이 있는 자로서, 설사 옳지 않은 말을 했다 하여도 절대로 욕하고 멸시해서는 안 되는 법이다. 그런데 어린 사람이 모욕을 주다니 국가의 기강이 한심스럽도다. 오달제를 파직토록 하라!"

그러자 부교리 윤집尹集이 상소를 올려 화의를 반대했다.

라가 망할지언정 의리상 구차하게 생명을 보존할 수 없다고 생각하고 계실 것입니다. 비록 병력이 미약해 정벌하지는 못했으나 어찌 다시 화의를 제창할 수 있겠습니까.

이 상소는 철저한 존명사대 사상을 나타내고 있다. 자국을 위한 척화가 아니라 부모의 나라인 명나라의 복수復讐가 목표였던 것이다. 이것이 사림이 고수한 대외의식의 핵심이었다. 더구나 척화를 소리 높여 외치기만 했지 군비를 정비하거나 냉정하게 그 후의 일을 도모하는 자는 없었다.

이렇게 조정이 설왕설래하는 중에 청에서는 다시 사신을 파견해 최후통첩을 해 왔다.

조선의 왕자와 척화론자를 보내 그간 양국의 오해를 풀도록 하라. 만약 조선이 11월 25일까지 이 요구를 받아들이지 않는다면 우리는 출병할 것이다.

하지만 조선 조정은 이렇다 할 대책을 세우지 못했고 그만 기한을 넘기고 말았다.

병자호란의 소용돌이

그해 12월 13일 병자호란이 터졌다. 조정은 강화도로 피난을 준비했다. 그러나 바로 다음 날 적이 양철평(지금의 은평구 녹번동)까지 왔다는 소식이 전해졌다.

"전하. 신이 저들을 만나 시간을 끌겠습니다. 만약 그 사나움을 피할 수 없으면 그 칼 아래에 죽으려니와 만약 신을 거절하지 않으면 승강이를 하며 시간을 벌 수 있을 것이오니 서울에서 가까운 남한산성으로 입성하시어 형편을 살피소서. 신이 그동안 화친을 주장해 왔으니 신을 믿어 줄 것입니다."

최명길이 나서 말했다. 그러자 김상헌이 나섰다.

"이판, 이제 와서 무엇을 다시 화친하겠다는 것인가!"

두 사람은 싸늘하게 맞섰다. 인조가 말했다.

"좋은 계책이다. 또한 그대 홀로 목숨을 걸고 범의 입으로 들어가 임금의 다급함을 구하려 하니 가상하도다. 여봐라, 군사를 보내 이판을 따르게 하라!"

최명길은 청군을 만나 군사를 일으킨 까닭을 물었다. 적장은 화친할 것인지 싸울 것인지를 물었으나 그는 일부러 해가 질 때까지 시간을 끌었다. 그 틈에 인조는 남한산성으로 들어갔다. 청군은 화가 나서 최명길을 죽이려 했지만 사신을 먼저 죽일 수는 없다고 해 무사히 살아 돌아올 수 있었다.

청나라에서는 사절을 보내 화친을 요구해 왔다. 그러나 인조는 이를 거절했다. 그러나 추운 날씨와 고립된 성의 특성상 부득이 화의를 하자는 의견이 점점 늘어갔다. 인조는 할 수 없이 최명길에게 국서를 쓰게 했다. 조선은 정묘화약 이후 10년 동안 우의를 지켜왔다는 것과 명과는 부자관계라 도와주기는 했으나 청에게 화살을 겨눈 적이 없다는 것, 작년에 저지른 몇 가지의 잘못은 교감에 오해가 생긴 것이니 용서해 주면 화친하겠다는 내용이었다. 말이 국서지 결국 항복의 글이었다.

그러나 청에서는 아무런 대답이 없었다. 결국 최명길은 홍서봉, 윤휘와 함께 청의 진영으로 갔다. "조선 국왕이 항복을 했으면 마땅히 내 앞에 와서 무릎을 꿇고 항서를 올려야 할 것이며 척화를 주장한 자들도 모조리 잡아 대령해야 할 것이다!"

결국 1월 27일, 인조와 세자는 45일 만에 남한산성을 나가 삼전도에서 3번 절하고 9번 머리를 조아리는 예를 행했다. 김상헌은 원통함을 이기지 못하고 자진을 시도했지만 성공하지 못했다. 《병자록》에 적힌 행적을 살펴보자.

어떤 사람이 와서 예조판서 김상헌이 스스로 목을 매어 거의 죽게 되어 있다고 알려 주기에 급히 가 보니 얼굴빛이 죽은 사람과 다를 바가 없었다. 달려가 목맨 것을 풀었는데 얼마 후 다시 가죽 허리띠로 목을 매는 것이 보이기에 다시 말렸다. 간신히 사람을 붙여 자결할 수 없게 한 후에야 마음을 놓았고 이튿날 척화를 주장한 신하들을 오랑캐 진영에 보내기 위한 논의가 있을 것이라는 말을 듣고서야 비로소 자결할 마음을 버렸다. 김상헌이 거짓으로 죽으려 하는 체 했다는 말이 있지만 이것은 김상헌의 인품을 모르고 하는 말이다.

김상헌은 치욕을 참지 못하고 자결하려다가 척화한 신하들이 명에 끌려가야 한다는 사실을 알고 자신이 잡혀가려고 자결을 그만둔 것이다. 그러나 그의 뜻은 이루어지지 않았다. 최명길은 이미 청에 잘 알려진 홍익한洪翼漢, 윤집, 오달제 등 젊은 인물들만 넘겼다.

항복

인조가 항복한 후 신료들은 잇달아 휴가를 청하면서 벼슬을 하려 하지 않았다. 무슨 일을 당할지 모르기 때문이었다.

"평소에는 직위에 있다가 변란이 발생하면 버리고 떠나는 것이 어찌 이치에 맞겠는가. 국가의 체모로 볼 때 버리고 떠나는 사람을 하필 굳이 청하여 머물게 할 것은 없다. 새 인물로 교체하도록 하라!"

이러한 인조의 명에 따라 1637년(인조 15)에 최명길은 우의정이 되었다. 그리고 전후의 나라를 바로 세우는 데 혼신을 다했다. 김상헌은 안동으로 내려가 학가산 아래 칩거했다. 그런데 명나라와 신하들이 밀통한다고 청나라에 밀고한 자가 있어 최명길은 이조판서 이현영李顯英, 예조참판 이식李植 등과 함께 청나라에 소환되었다. 그리고 사형수의 형옥인 북관에 투옥되었다. 김상헌 역시 삼전도 비석을 부쉈다는 죄목으로 심양으로 끌려가 투옥되었다. 그가 청으로 가면서 지었던 시조는 우리가 청소년 시절에 배워 익히 잘 알고 있는 것이다.

가노라 삼각산아 다시 보자 한강수야.
고국산천을 떠나고자 하냐마는
시절이 하 수상하니 올동말동하여라.

짧은 글이지만 고국을 떠나는 그가 고향 땅을 다시 밟을지 알 수 없는 착잡한 마음이 담겨 있는 것을 알 수 있다. 그가 청나라로 잡혀

가는 길을 배웅하며 백성들은 목 놓아 울었다 하니, 당시 민심이 어느 쪽이었는지는 이해가 된다.

어찌되었든 두 사람은 우여곡절 끝에 청나라 심양의 감옥에서 다시 만나게 되었다. 그들은 이곳에서 사형수로 4년여를 보냈는데 당시 두 사람은 서로의 마음을 이해하고, 또 위로하면서 지냈다. 그때 두 사람이 나눈 시를 살펴보면 당시 상황을 짐작할 수 있다.

고요히 지내며 온갖 움직임을 살펴보니

정녕코 난만爛漫함으로 귀착하네.

끓는 물과 얼음이 모두가 물이오.

갖옷과 베옷 또한 옷 아니지 않도다.

일 처리하는 방법은 때에 따라 다르지만

마음이야 어찌 도道에 어긋나리오.

그대가 능히 이 이치를 깨닫는다면

말하거나 침묵하거나 각기 하늘의 이치라네. _최명길

성패는 천운에 달린 것이니

반드시 의리로 귀착하는지를 살펴야 하리.

비록 그러나 아침저녁으로 반성해 보면

어찌 벼슬에 급급할 수 있으랴.

권도權道란 혹 현자라도 그르치지만

상도常道는 응당 보통 사람도 어김이 없으리라.

명예와 이익을 좇는 선비님께 말하노니

창졸간에도 신중히 기미를 헤아리게나. _김상헌

조용히 두 사람의 생각을 찾아보니
문득 백 년의 의심이 풀리는구려. _김상헌

그대 마음 돌 같아서 돌리기 어렵고
나의 도는 가락지 같아 경우에 따라 믿음이 바뀌기도 한다오. _최명길

최명길은 김상헌이 정말로 춘추의리를 세우려는 사람이 아니라 그저 이름을 내려는 사람은 아닌지 의심했는데 함께 청나라의 옥에 갇힌 후, 죽을 자리에서도 절개를 지키는 것을 보고 그 의리 있음을 믿게 되었다. 이와 달리 김상헌은 처음에는 최명길을 매국노와 다름없이 여겼으나 청나라 감옥에서 끝내 굴복하지 않는 것을 보고 역시 그의 충정을 인정한 것이다.

1644년(인조 22) 청나라가 북경을 함락하자 이듬해 세자와 봉림대군鳳林大君을 조선으로 돌려보내고 최명길과 김상헌도 따라가게 했다. 용골대龍骨大는 이렇게 훈계했다.

"너희들은 모두 죽을 죄가 있으나 나이 많은 것이 불쌍하고 또 인명이 애석해 용서하고 죽이지 않았다. 이제 크게 용서하는 은전을 베풀어 특별히 모두 석방한다."

용골대는 말을 마친 후 서쪽을 향해 황제에게 절을 하라고 했다.

최명길은 김상헌을 끌어당기면서 함께 절하자고 했으나 김상헌은 허리가 아프다는 핑계로 절을 하지 않았다. 최명길은 혼자 4배를 했

다. 두 사람이 대문 안에 서 있는데 용골대가 지나가자 최명길은 무릎을 꿇고 감사의 예를 올렸으나 김상헌은 그 곁에 누워 있었다. 용골대는 한참 동안 눈을 부릅뜨고 노려보다가 지나갔다.

최명길이 돌아오자 인조는 즉시 직첩을 돌려주고 완성부원군完成府院君에 임명했다. 그는 이러한 정국을 타개하기 위해서는 강력한 지도력이 필요하다고 여겼다. 그래서 재상권을 강화했고 과감한 제도개혁을 주장했다. 의정부서사제를 부활했고 비변사를 개혁했다. 그러나 오래지 않아 최명길은 중한 병을 얻었다. 원래 병약한 인물이었던 탓도 있었고 타국에서의 고생도 한몫했을 것이다. 세상을 떠날 당시 그의 나이는 62세였다. 그와 함께 오랜 고락을 해 온 인조는 안타까이 여기며 5일 동안 고기를 먹지 않고 3일 동안 정사를 돌보지 않았다.

"최명길은 재주가 뛰어나고 진심으로 나라를 살폈는데 불행히도 이 지경에 이르렀으니 애석하구나. 이제 어디서 이 같은 인물을 구할 수 있겠느냐."

실록의 졸기卒記를 보면 최명길을 이렇게 평하고 있다.

명길은 사람됨이 기민하고 권모술수가 많았는데 자기 재능에 대해 자부심을 가지고 일찍부터 세상일을 담당하겠다는 생각을 가졌다. 광해군 때에 배척을 받아 쓰이지 않다가 반정할 때에 대계를 협찬했는데 공이 많아 드디어 정사원훈에 녹훈되었고 몇 년이 안 되어 차서를 뛰어넘어 경상의 지위에 이르렀다. 그러나 추숭과 화의론을 힘써 주장함으로써 청의에 버림을 받았다. 남한산성 변란 때에는 척화를 주장한 대신 협박해 보냄으로써 사감을 풀었고 환도 후에는 그른 사람들을 등용해 사류와 알력이 생겼는데 모두들 소인으로 지목했다. 그러나 위급한 경우를 만나면 피하지 않고 앞장섰으며 일에 임하면 칼로 쪼개듯 분명히 처리해 따를 사람이 없었으니 역시 한 시대를 구제한 재상이라 하겠다.

그가 떠난 후에 김상헌은 다섯 해를 더 살아, 83세로 일기를 마쳤다. 북인이 편찬한 《선조실록》에는 그가 "교만하고 망령되었다."라고 적혀 있는데 이는 그의 지나친 강직함이 주변 사람들의 마음에 그리 들지 않았던 것을 짐작하게 한다. 반대로 서인이 편찬한 《수정선조실록》에는 그에 대해 "강직하고 유아하여 세상 사람들의 존대를 받았다. 시론이 그를 꺼려 탐라에서 돌아오자 북쪽 변경에 배치되었으니 질투해 배척함이 심하다 하겠다."라고 적고 있다.

그는 세상을 떠날 때 손수 묘비명을 작성했다.

지성은 금석에 맹서했고
대의는 일월처럼 걸렸네.
천지가 굽어보고 귀신도 알고 있네.
옛것에 합하기를 바라다가
오늘날 도리어 어그러졌구나.
아, 백 년 후에 사람들
내 마음을 알겠구나.

주화인가, 척화인가

최명길과 김상헌은 인조반정에 이어 정묘호란과 병자호란을 거치는 동안 조선의 앞날을 고민했던 학자들이다.

김상헌의 주장인 척화론의 사상적 기반은 주자학의 중화주의에 두고 있었다. 사림정치가 정착한 후 그들의 가장 큰 명분은 존명사대였다. 따라서 명나라의 원수인 오랑캐 청과 타협한다는 것은 있을 수 없는 일로 생각했다. 싸워서 이기고 지는 것은 문제가 아니었다. 나라는 망할 수 있으나 의리는 지켜야 한다는 입장을 고수한 것이다.

그러나 최명길의 생각은 달랐다. '나아가 싸워 이길 수도 없고, 물러나 지킬 수도 없으면' 타협하는 수밖에 없다고 보았다. 우선 나라를 보존한 다음에 명의 은혜를 갚든지 해야지 아무리 은혜를 입었지만 나라를 망치면서까지 보은할 수는 없다는 주장이다. 존명尊明하지 말자는 것이 아니라 국가의 존립을 우선해야 한다는 것이다.

그런 의미에서 최명길은 병자호란 때 빗발치는 척화의 한가운데서 목숨을 걸고 청과 화의를 주장해 나라를 구하고 백성이 어육이 되는 것을 막고자 했던 것이다. 물론 그가 반정공신의 한 사람으로서 정권을 잃지 않으려는 뜻도 있었겠지만 주화론을 고수한 것은 정치생명을 건 결단이었다.

후세 사람들 가운데는 척화론이 더 주체적인 사고방식이라고 생각하는 사람이 많다. 그러나 당시의 척화는 조선을 위한 주체적인 척화가 아니라 명나라의 원수를 갚기 위한 척화였다. 오히려 나라를 구하는 것이 먼저라는 주화론이 주체적이라 할 수 있다. 척화론이 중국 중심의 세계관에 바탕을 둔 지나친 명분주의인 것과 달리, 주화론은 국익을 우선하는 주체적 현실론이다. 그는 자신을 공격한 척화주의자들도 그 나름의 공론을 펼친 이들이니 미워해서는 안 된다고 생각했으며 자손들에게도 그들과 잘 지내라고 당부했다.

척화론의 명분주의가 주자학에 바탕을 둔 것과 달리 주화론의 실리주의는 현실과 자아를 중시하는 양명학에 바탕을 두고 있었다. 최명길이 주자학이 지배하던 당시 사회에서 몰래 양명학을 신봉한 것도 그 때문이었다. 양명학에 근거해 어려움에 처할 때마다 마음을 굳건히 하여 위기를 극복하고 양명학의 현실주의에 주화론의 이론적 바탕을 두고자 함이었다. 더구나 벌떼같이 일어나는 사림의 척화론에 맞서 신명을 바쳐 국왕을 보위하며 국왕의 절대적인 신임 아래 국정을 주도한 것 또한 대단한 능력이었다.

그러나 후대 사람들은 최명길을 제대로 평가하지 못했다. 사림의 명분론이 우세해졌기 때문이다. 북벌론이 그 대표적인 예이다. 게다가 우암 송시열의 주자학 지상주의가 노론의 집권 명분이 되자 최명길의 가문은 쇠락하고 말았다. 반대로 그와 반대의 길을 갔던 김상헌의 안동 김씨 집안은 19세기 외척 세도가문으로 성장할 수 있었다. 그러나 생각해 보면 이것 역시 최명길의 노력으로 국가가 보존되었기 때문에 얻을 수 있었던 권세였다. 그런 점에서 최명길의 공헌은 새로이 평가되어야 할 것이다.

조선을 만든 사람들

6

조선 역사상 최대의 사상 논쟁

송시열 VS 윤휴

뱃전에 이는 바람이 시원했다. 아직 볕이 따갑긴 했으나 모처럼의 뱃놀이는 그동안 조정에서의 온갖 번다한 일을 잊게 하기에 충분했다. 송시열은 벼슬을 내 놓고 오랜만에 금강에서 친구인 유계兪棨, 윤선거尹宣擧 등 10여 명의 학자들과 뱃놀이를 즐기는 중이었다.

"한 잔 쭉 들어봅시다. 바람이 좋으니 술맛이 어찌 깊지 않으리오."

"하하. 경치가 이리 좋으니, 어서 시 한 수 지어 보세나."

유시남이 먼저 잔을 들고 윤선거가 거들었다.

즐거운 한때를 보낸 이들은 황산서원(현 죽림서원)으로 돌아와 휴식을 취했다. 그러나 문득 윤선거가 윤휴의 이야기를 꺼냈다.

"자네 혹시 윤휴尹鑴가 쓴《중용설》을 읽어 봤는가?"

그러자 송시열은 눈살을 찌푸리며 말했다.

"하늘이 공자에 이어 주자를 냈음은 진실로 만세의 도통을 세운 것일세. 주자가 난 이후로 뚜렷해지지 않은 이치가 하나도 없고 밝아지지 않은 글이 하나도 없는데, 윤휴가 감히 자신의 견해를 내세워 억지를 늘어놓다니 실로 사문난적斯文亂賊이 아니고 무엇인가!"

"젊은 학자가 자기 생각을 펼 수도 있지, 사문난적은 심하지 않은가."

친구인 윤선거가 윤휴를 옹호하자 송시열은 더욱 화가 났다. 그 역시 10여 년간 젊은 윤휴를 아끼고 학문적 동지로 여겼지만 윤휴가 자신이 생각하는 것처럼 주자지상주의자가 아니라는 사실에 실망하던 차에,《중용》까지 새롭게 해석했다는 소리를 듣고 나니 더 이상은 참을 수가 없었다. 주자를 금과옥조로 여기던 송시열에게 윤휴의 이런 태도는 결코 용납하기 어려웠던 것이다.

"고금천하에 어찌 악한 자가 없겠는가. 하지만 윤휴처럼 주자를 공격하고 배척하는 자는 없었네. 중국의 왕양명王陽明이나 이탁오李卓吾와 같은 양명학자들의 말이 불손하다 해도 그보다는 덜할 게야."

"흥분하지 말게. 내 말은 그게 아니라, 주자 이후에 다른 말을 할 수가 없다면 북계와 신안은 어찌하여 다른 말을 했으며 그 말이 경전에 어떻게 나와 있겠는가?"

윤선거가 상황을 수습하려고 했지만 송시열의 화를 누그러뜨릴 수 없었다.

"북계의 여러 설이 많기는 하지만, 모두 주자의 말에 따라 부연 설명한 것뿐이네. 어찌 윤휴처럼 주자의 장구章句를 치우고 스스로 새로 주석을 내어 마치 서로 승부를 겨루어 앞서려고 한 것과 같이 보는가?"

"아, 뭐. 아무래도 윤휴는 식견이 높고 사물의 이치에 밝으니…… 내가 그 깊은 뜻을 어찌 알겠나."

"무슨 소리! 그렇다면 주자는 그렇지 않다는 말인가?"

윤휴의 학설에 대한 이야기는 밤늦도록 계속됐다. 송시열은 윤휴에 대한 비난을 멈추지 않았다. 그의 분노가 생각보다 깊다는 것을 깨달은 윤선거는 입을 다물었다. 이것이 '황산문답'이다. 송시열의 주자학은 중국 중세의 유학으로, 북송과 남송시대의 중국 유학자들이 바라본 세계관이었다. 윤휴는 이를 뛰어넘어 직접 공자와 맹자를 만나려 한 것이다.

이 두 사람의 논쟁은 12년 후인 1665년(현종 6)에 동학사에서 재론되었다가 마침내 윤선거의 아들인 윤증에게 전수되어, 서인이 노론과 소론으로 나뉘는 단초가 되었다.

천리를 밝혀 인심을 바로잡는다.

송시열宋時烈, 1607~1689년

자는 영보英甫. 호는 우암尤菴. 시호는 문정文正. 본관은 은진. 조선 후기
의 학자이자 정치가. 송갑조宋甲祚의 아들로 김장생金長生 문하에 출입
했다. 1635년 스물아홉 살에 봉림대군(훗날의 효종)의 사부로 발탁되었
다가 병자호란으로 낙향한 후 학문에 전념했다. 1649년 효종 즉위 직후
효종의 부름을 받고 상경해 존주대의尊周大義와 복수설치復讐雪恥로 요
약되는 그의 정치적 소신을 피력한 봉사封事를 제출했다. 제1차 예송에
서 송시열은 효종이 둘째 아들이라는 이유로 기년설朞年說을 주장, 윤
휴, 허목許穆 등 효종의 왕위계승을 강조하는 남인의 삼년설三年說과 대
립했다. 현종 대에는 우의정, 좌의정 등에 임명되어 잠시 조정에 나왔
으나 대체로 산림에 머물며 학문에 힘썼다. 1674년 효종비 인선왕후의
죽음으로 제2차 예송이 일어나자 이번에는 남인의 견해가 채택되어 그
는 국례를 어지럽힌 죄로 파직되고 이어 덕원, 장기, 거제 등으로 유배
되었다. 1680년 서인의 집권으로 유배에서 풀려나 김익훈金益勳 징계에
소극적인 입장을 취한 일로 서인 소장층의 반발을 초래했으며 묘비명
의 일로 윤선거의 아들인 윤증尹拯과 불화가 생겨 노론과 소론이 갈라
지는 한 원인이 되었다. 1689년 숙종이 장희빈의 아들을 왕세자로 책봉
하는 것을 반대하는 상소를 올렸다가 제주에 유배당했고 다시 국문을
받기 위해 서울로 압송되던 중 정읍에 이르러 사약을 받았다. 1694년
갑술환국으로 서인이 집권하면서 그의 관작은 회복되었고 시호가 내려
졌다. 《송자대전》215권과 《송서습유》9권 등의 방대한 문집을 남겼다.

천하의 허다한 의리를 어찌 주자만 알고 나는 모른단 말인가.
주자가 다시 온다면 나의 학설이 인정받지 못할 것이나
모름지기 공자나 맹자가 다시 태어난 연후라면
나의 학설이 승리할 것이다.

윤휴尹鑴, 1617~1680년

자는 희중希仲, 호는 백호白湖 또는 하헌夏軒. 본관은 남원. 송시열로부
터 사문난적斯文亂賊으로 지목된 남인계 문신이자 학자. 1625년 속리산
에서 송시열을 만나 학문을 토론하며 큰 칭찬을 받았다. 그 후 권시權
諰, 송준길宋浚吉, 이유태李惟泰 등과 교유했다. 1659년(현종 즉위년) 기
해예송 때 자의대비의 복제 문제를 둘러싸고 남인인 허목과 함께 송시
열의 예론을 반대해 송시열과 멀어졌고 주자의 학설을 비판하다가 송
시열로부터 사문난적으로 지목받았다. 1674년(숙종 즉위년) 갑인예송
때에도 자의대비 복제 문제를 놓고 서인들의 예론을 반박했다. 같은 해
중국에서 일어난 오삼계의 반란으로 반청의식이 높아지자 북벌을 주장
했으며 호패법의 실시, 조세제도의 개혁, 비변사의 폐지 등 각종 개혁
정책들을 주장했다. 1676년 천거되어 성균관사업을 거쳐 동부승지, 이
조참의, 대사헌, 쾌주, 우참찬 등을 역임했으며 1679년 우찬성 재임 중
복제 문제와 관련해 송시열의 처벌 문제로 남인이 강경파와 온건파로
분열되자 허목과 함께 청남의 영수가 되어 송시열에 대한 중벌을 주장
했다. 1680년 경신환국으로 서인이 집권하자 갑산에 유배되었다가 명
성왕후明聖王后 김씨를 비판하여 사사되었다. 1689년 신원되어 영의정
에 추증되었다. 그는 주자학이 지배하던 당시의 사상계에서 주자의 학
설과 사상을 비판하다가 독자적인 경전 해석을 시도했다. 저서로《백호
독서기》,《백호문집》 등이 있다.

조선 전기가 외래사상인 성리학과 중국 문화를 수용해 이해해 나가는 과정이었다면 조선 후기는 조선의 고유한 문화를 창달하고 조선이 당시의 세계에서 가장 우월한 문화를 향유하고 있다는 조선중화사상을 시대정신으로 성립시킨 시대였다. 조선, 중국, 일본의 삼국 사이에 평화가 지속되면서 조선은 성리학적 이상국가 건설에 몰두할 수 있게 되었다. 이 시기의 대표적인 두 학자가 바로 송시열과 윤휴이다.

맹자는 공자의 도를 수호하기 위해 양주楊朱와 묵적墨翟을 이단으로 배척했고 주자는 도학을 지키기 위해 육상산陸象山에 대해 용서 없는 비판을 가했다. 그리고 이 땅의 퇴계는 주자학의 정통성을 천명하기 위해 왕양명王陽明을 논척해 '동방의 주자'라는 칭호를 얻었다. 그로부터 100년 후 조선에는 두 명의 유학자가 등장해 뜨거운 이념 논쟁을 벌였다. 그리고 이는 죽이지 않으면 죽는다는 비정한 정치 논리와 맞물리면서 양자의 싸움은 극단으로 치닫게 되었다.

송시열. 그는 분명 17세기를 대표하는 정치, 사상계의 거장이며 한 시대를 풍미한 호걸이었다. "아침에 도를 깨치면 저녁에 죽어도 좋다."라는 공자의 말은 그의 삶의 일관된 지표였고 주자의 말과 행동은 일생의 어길 수 없는 준칙이었다. 영욕이 교차하는 파란만장한 삶을 살며 정쟁의 와중에 목숨을 잃었지만 그의 삶은 헛되지 않았다. 후학들은 그의 공로를 인정하고 송자宋子라는 극존의 칭호를 올리기에 이르렀으니 말이다.

그런 송시열에게도 감당하기 어려운 호적수가 있었으니 바로 윤휴이다. 송시열은 일생 정적과 함께 살았고 다른 라이벌도 적지 않았지만 윤휴만큼 부담스러운 존재는 없었다. 그들은 분명 당쟁시대 최대의 라이벌이었다.

기호학파의 정통 후계자

송시열이 태어나는 날 그의 어머니는 공자가 여러 제자를 거느리고 옥천 구룡촌을 찾아오는 꿈을 꾸었다. 실로 범상치 않은 꿈이었다. 이 때문인지 그는 어릴 적부터 대인의 풍모를 지니고 있어서 집안의 기대를 한몸에 받았다. 그가 지나가는 곳에는 신이 내리지 않아 굿을 할 수 없다고 무당이 하소연을 했다는 일화도 있다.

그는 여덟 살이 되던 해 송준길의 집에서 숙식을 같이하면서 송준길의 아버지 송이창宋爾昌으로부터 학문을 익혔다. 한 살 터울인 송시열과 송준길은 일생의 지기이며 학문적인 동반자였던 까닭에 훗날 세상은 이들을 '양송兩宋'이라고 불렀다.

송시열의 강인한 기질은 아버지 송갑조로부터 물려받은 부분이 많았다. 열한 살이 되던 1617년(광해군 9), 송갑조는 생원 진사시에 합격했다. 그러고는 곧바로 서궁에 유폐된 인목대비를 참배했다. 금지령을 무시한 이런 독단적인 행동은 금고형으로 낙착되었다. 이로 인해 송갑조는 출세길은 막혔지만 절의파라는 훈장을 달 수 있었다. 그리고 아들에게도 자랑스러운 아버지가 되었다.

송갑조의 이념교육은 철저했다. '공자를 배우기 위해서는 먼저 율곡을 배워야 한다.'는 취지에서 《격몽요결擊蒙要訣》부터 가르쳤다. 그리고 공자에서 주자, 율곡으로 이어지는 도통을 강조해 일찍부터 아들에게 기호학파의 학풍을 주입시켰다.

송시열의 뛰어난 자질은 사계 김장생을 만남으로써 완성되었고 사계의 도학은 송시열을 얻음으로써 빛을 발하게 되었다고 해도 과언이 아니다. 송시열은 불과 스물네 살에 사계 문하에 입문한 이래 약 10년 동안 학업에 정진해 《근사록》,《심경》,《가례》등 수많은 서적을 섭렵했으며 이를 통해 유학자로서의 자질을 함양했다. 당시 여든이 넘었던 늙은 선생은 말년에 자신을 뛰어넘을 후계자를 만난 셈이다. 송시열은 그에게 1년 남짓 배웠고 스승이 세상을 떠나자 그의 아들 김집에게 사사받아 기호학파의 학문을 완벽하게 체득함으로써 당대 제일의 학자로 성장할 수 있었다.

김장생, 김집 문하에는 송준길, 윤선거, 이유태, 유계, 윤선거 등 뛰어난 인재들이 즐비했지만 송시열은 그중에서도 독보적으로 두각을 드러냈다. 이제 그는 이이, 김장생, 김집으로 이어지는 기호학파의 정통이 되었다.

조선의 책벌레

한편 윤휴는 송시열보다 10년 늦게 대사헌을 지낸 윤효전尹孝銓과 경주 김씨 사이에서 늦둥이로 태어났다. 영남의 이름난 유학자 한강 정구鄭逑가 경주부윤 윤효전을 찾아온 날이었다. 대현의 방문에 뒤이은 득남 소식에 윤효전은 기쁨을 감추지 못했다. 그러자 한강은 아이를 위해 두괴斗魁라는 아명을 지어 주었다고 한다.

윤휴의 집안은 대대로 선비가문으로 학문에는 연원이 있었고 대대로 받는 녹봉이 끊이지 않는 현달한 집안이었다. 고조 윤관尹寬은 조광조의 문인으로 기묘사화의 피해를 입은 이름난 인물이었고, 증조 윤호尹虎는 고위직인 이조참판을 지냈다. 조부 윤희손尹喜孫은 화담 서경덕의 제자인 이중호李仲虎의 문인이었다. 그는 쌍계동에 머무르면서 과거보다는 '요순堯舜 공맹孔孟의 도'와 '주정장주周程張朱의 도'의 확립에 열중해 조부 이래 가학을 더욱 체계화시켰다. 그의 아호 '정재靜齋'는 조광조에 대한 존경과 사모의 표시였다.

아버지 효전은 화담의 제자 민순閔純의 문하에 입문해 학문과 행실을 인정받은 학자이자 관료였다. 정치적으로는 소북으로 활동해 광해조에는 대사헌을 역임하며 언론을 주재하기도 했다. 그러나 1617년(광해군 9) 인목대비의 유폐를 반대하다 경주부윤으로 좌천되었다. 윤휴가 경주부 관사에서 출생한 이유도 여기에 있다. 윤효전은 소북 계열이었지만 서인이나 남인과의 교유는 물론 한강 정구, 여헌 장현광張顯光 등 영남학자들과도 친분을 맺고 있었다. 특히 정구와의 관계는 각별해서 정구의 문인록인 《회연급문록檜淵及門錄》에 이름이 올라 있을 정도였다. 이처럼 윤휴의 가계에는 이단의 소지가 전혀 없다. 오히려 그는 조광조를 학문 연원으로 하는 가문의 자제였다.

세 살 때 아버지를 여읜 윤휴는 어머니와 할머니 슬하에서 자랐다. 형제라고는 명장 이순신의 딸과 혼인한 배다른 형 영鍈이 있을 뿐이었다. 거처도 일정하지 않았다. 선영이 있는 여주에서 지내기도 했고 보은 삼산의 외가에서 살기도 했다. 그러나 젊은 나이에도 불구하고 사림의 예법에는 손색이 없어 열다섯에는 조부 희손의 친우였던 이원익李元翼을 방문해 안부를 물었고 열일곱에는 오윤겸吳允謙을 방문해 원로에 대한 예의를 갖추었다.

생활의 터전이 분명하지는 않았지만 학문을 좋아하는 천성은 속일 수가 없었다. 정력적인 독서와 의욕적인 저술은 약관의 나이가 무색할 정도였다. 스물두 살에는 《사단칠정인심도심설四端七情人心道心說》을 지어 송시열의 간담을 서늘하게 하였고 스물네 살에 지은 《경진일록庚辰日錄》에는 만 권의 책을 독파하는 윤휴의 모습이 파노라마처럼 담겨져 있다.

이때를 전후해 윤휴의 명성은 호서지방에까지 퍼지게 되었다. 그가 어머니를 모시고 공주의 유천으로 옮겼을 때 송시열, 송준길, 이유태, 윤선거, 윤문거, 권시 등 기라성 같은 인사들이 교제를 요청했다. 특히 송시열은 윤휴의 어머니에게 큰 절을 올리며 자제로서의 예를 갖추었다.

동지에서 적으로

긴 세월을 살았던 송시열이지만 막상 조정에 머문 기간은 그리 길지 않았다. 문과를 통하지 않고 봉림대군의 사부로 임명된 것이 그의 첫 출사였다. 그러나 1636년(인조 14) 병자호란이 일어나 인조가 삼전도에서 치욕적인 항복을 하자 낙향해서 학문에 몰두했다. 구차하게 목숨을 보존했다는 자책과 더불어 자신이 가르쳤던 대군이 인질로 심양에 끌려갔다는 것에서 오는 좌절감 때문이었다.

그리고 바로 그해 송시열과 윤휴는 삼산에서 처음으로 만났다. 당시 송시열의 나이는 30세, 윤휴는 겨우 20세에 불과했다. 먼저 만나기를 청한 것은 송시열이었다.

그들은 사흘 동안 토론을 거듭했다. 학문이 통하는 이를 만났으니 열 살의 나이 차이는 아무런 장애가 되지 않았다. 학벌, 문벌, 파벌이 달랐지만 서로를 마음으로 인정했고, 의기가 상통해 종사의 아픔을 같이할 수 있으면 그만이었다.

그렇지만 내심 송시열은 학문이 깊다는 소문이 파다한 윤휴를 직접 만나 학문의 깊이와 명성의 실체를 확인하고 싶었던 마음도 있었다. 그래서 설레는 마음으로 보은 삼산을 찾아간 것이다. 돌아온 송시열은 곧바로 친구 송준길에게 편지를 보냈다. "내가 삼산에 이르러 윤휴와 더불어 사흘간 학문을 토론해 보니 우리의 30년 독서는 참으로 가소롭기 그지없네."

송시열은 윤휴의 명성을 실감한 것이다. 윤휴의 학문에 탄복하고 칭찬을 아끼지는 않았지만 묘한 두려움도 있었다. 그러나 송시열은 대인답게 윤휴를 유학의 진리를 터득한 선비로 인정했다. 다음 해 인조가 청나라에 항복하고 난 후, 두 사람은 속리산 복천사福泉寺에서 만나 통곡했다. 송시열에게서 성하지맹城下之盟의 소식을 들은 윤휴는 몸을 가누지 못할 지경이었다.

"혹시 우리가 정치를 하게 된다면, 결코 오늘의 치욕을 잊지 말도록 합시다."

송시열이 이를 악물고 말했다.

"당연한 말씀입니다. 어찌 잊을 수 있단 말입니까."

두 사람은 울분을 토할 동지를 만났다는 생각에 손을 맞잡고 한없이 울었다. 이 충격으로 윤휴는 과거에 응시하지 않았고 두문불출하며 학문에 열중했다.

그렇게 마음을 허락한 친구 사이가 된 두 사람은 많은 서한을 주고받으며 학문을 토론하고 서로에 대한 믿음과 존중을 키웠다. 송시열은 비록 어리지만 예학, 이기설에 관한 윤휴의 탁월한 식견에 감탄한 것이 한두 번이 아니었다. 당시 그가 권시와 송준길에게 보낸 서한에는 윤휴에 대한 칭찬으로 가득 차 있다. "윤휴는 학문이 높아 다른 사람들이 따를 수 없으며, 앞 사람들이 미처 생각지 못한 것을 추구하고, 새로운 이치를 발견해 내어 나를 놀라게 한다네."

그러나 송시열의 나이가 40대에 접어들면서 두 사람의 사이는 점차 벌어지기 시작했다. 송시열이 윤휴의 학문 성향에 대해 조금씩 의심을 품기 시작했기 때문이다. 송시열은 사서四書 자체보다도 주희의 해설에 더욱 경도되어 있었다. 《중용》만 해도 주희가 해설해 놓은 《중용집주》를 경전으로 더 높이 평가했다. 그러나 윤휴는 주희의 《중용집주》를 개작해 자신의 견해로 주석을 달겠다고 나서곤 했다. 결국 겉으로는 윤휴의 학문적인 아집 정도를 문제 삼았지만 주자와 견해를 달리하는 데 근본적인 불만이 있었다.

효종이 즉위한 다음 해 두 사람은 속리산에서 다시 만났다. 북벌론의 기치를 내건 효종이 즉위했으니 두 사람의 마음도 새로운 세상에 대한 열망으로 끓어올랐다.

"아, 이제 무너진 세도世道를 바로 잡고 비로소 공자의 도를 다시 밝힐 때가 되었구려."

"그렇습니다. 그런 의미에서 주자의 〈감춘부感春賦〉의 운을 따보는 것이 어떻습니까?"

"감히 어떻게 그럴 수가 있겠나. 나는 내키지 않네."

"그야 제각기 자기의 뜻을 말하는 것일 뿐인데 어떻습니까. 그 일이 그리 참람한 것이라면 저는 이미 그 죄를 저질렀는걸요."

"무엇이라?"

당시 주자의 운을 따서 시를 짓는 일은 흔했지만 송시열은 그것이 주자를 팔아 명성을 높이는 일이라 탐탁지 않게 여겼다. 그에게 주자는 경외스러운 산이었기 때문이다. 하지만 윤휴는 아무렇지도 않은 듯 주자를 빌려 자기의 뜻을 말하곤 했다. 송시열은 윤휴의 경박하기까지 한 태도가 마음에 들지 않았다.

'학문은 깊으나 나와는 생각이 크게 다르구나. 과연 이 친구와 앞으로 얼마를 더 같이 할 수 있을지……. 심히 걱정이구나.'

그러나 그때까지도 두 사람의 관계는 비교적 원만했다. 그러던 중 송시열의 불만이 폭발한 사건이 일어났다. 1653년(효종 4) 황산서원에서 유계, 윤선거와 함께 모였는데 송시열은 윤휴가 주자주를 완전히 무시하고 자기 마음대로 개변한 것에 화가 난 것이었다. 그는 윤휴를 '사문난적'이라고까지 표현하며 공격했다.

이 사건으로 송시열은 윤선거와 그의 아들 윤증까지 적으로 만들고 말았다.

주자학에 대한 신봉

퇴계가 주자를 배우고, 율곡이 주자를 사모했다면, 송시열은 주자의 당黨을 자처한 인물이었다. 송시열에게는 "주자의 말 한마디도 격언이 아닌 것이 없으며 말마다 옳고 행위마다 정당한 이가 바로 주자이다."라는 확고한 신념이 있었다. 그에게 있어 주자는 삶과 학문의 궁극적인 지향점이었다.

김굉필이 《소학》을, 조광조가 《근사록》을, 퇴계가 《심경》을, 이이가 《사서》를, 김장생이 《소학》과 《가례》를 받들었다면 송시열이 평생 동안 애독한 주자학의 경전은 《주자대전朱子大全》과 《주자어류朱子語類》였다.

그는 "내가 배운 것은 《주자대전》뿐이며…… 《주자어류》가 없는 이는 의복을 팔아서라도 구입해야 한다."는 말을 늘 강조했다. 《주자대전》과 《주자어류》에 대한 집착은 죽기 직전에 권상하權尚夏에게 《주자언론동이고朱子言論同異攷》의 완성을 부탁한 사실에서 더욱 분명하게 드러난다. 이것은 사단이지발四端理之發이라는 주자 해설이 주자 본인이 아니라 제자들이 잘못 기록한 것을 증명하기 위한 것이었다.

한편 송시열에게는 안질도 각질도 그저 병이 아니라 감사와 고마움의 징표였다. 주자와 똑같은 병을 앓는다는 사실 자체가 더없는 영광이었기 때문이다. 이렇듯 그는 병까지 주자를 닮고 싶어 했다. 생일날 받은 선물을 상대에게 돌려준 것도 주자의 삶을 체현하기 위한 노력이었으며 조복형趙復亨과 약혼한 손녀가 혼사를 치르기도 전에 죽었을 때, 오로지 슬픔 속에서만 지내지 않은 것도 주자의 경우와 비슷해 오히려 감동할 지경이었기 때문이다. 공교롭게도 주자의 딸도 조씨 성을 가진 사람과 약혼한 직후에 요절했는데 죽은 손녀와 같은 계사癸巳생이었다.

사실 송시열은 아버지 송갑조가 금지령을 무시하고 인목대비를 참배한 죄로 금고형을 당했을 때부터 주자와의 일체감을 확신하고 있었다. 주자의 아버지도 이와 비슷한 행적이 있었기 때문이다. 그에게 있어 주자와의 관계에 있어 우연은 존재하지 않았다. 모든 것은 필연으로 여겨졌다.

송시열의 이런 아전인수 격의 행동을 단순하게 주자 숭배에 따른 몰이해로 치부하는 것은 주자학을 이해하지 못하는 현대인들의 착각일지도 모른다. 그것이 비록 위선이고 가식이라 할지라도 평생을 일관할 수 있다면 그 또한 덕목이 될 수 있기 때문이다. 그에게 있어 주자를 일탈하는 모든 행위는 곧바로 범죄행위였다. 그가 주자학의 파수꾼을 자처한 것도 이런 맥락에서였다.

황산서원 논쟁 이후 주자학을 수호하기 위한 송시열의 활동은 절정을 치달았다. 그러나 그는 윤휴에게 한 번의 기회를 더 주었다. 일찍이 누구에게도 보이지 않았던 관용이었다. 비록 사문난적으로 배척했지만 마음 한구석에 윤휴에 대한 애정이 남아 있었기 때문이다. 그래서 윤휴가 잘못을 인정하고 정도正道로 돌아와 주기를 고대하고 있었다. 의기가 통했던 젊은 날의 친분, 윤휴의 학문적인 자질, 얽히고설킨 혼맥을 고려할 때 결코 한순간에 연을 끊어 버릴 수는 없었을 것이다.

송시열은 십분 양보해 윤휴를 직접 찾아갔다.

"경전의 주를 개변한 이유가 진정 무엇인가?"

"대감, 천하의 많은 이치를 어찌 주자 혼자만 알고 우리는 모른단 말입니까? 누구라도 자신의 생각을 말할 수 있는 게지요."

"무, 무슨 소리인가? 그렇다면 배운 것과 상관없이 누구라도 주를 달 수 있다는 말인가!"

송시열은 너무도 당돌한 말에 당황해 찻잔을 든 손이 부들부들 떨릴 지경이었다.

"당연하지요."

"이, 이보게. 그 말이 정녕 진심인가?"

침을 꿀꺽 삼킨 송시열이 다시 물었다.

"주자가 살아 돌아온다면 저의 학설을 인정하지 않을지 모르겠습니다만, 공자가 살아 돌아온다면 제 학설이 승리할 것입니다. 그것 때문에 오셨다면 더 이상 드릴 말씀은 없으니 그만 돌아가 주십시오."

태연하고 당당한 윤휴의 대답 앞에 송시열은 아연실색하고 말았다. 돌아온 후에도 분노를 삭이지 못했지만 대인으로서 마음을 가다듬고 여러 차례 편지를 보내 생각을 바꿀 것을 권유했으나 소용이 없었다.

윤휴라는 강렬한 개성 앞에 이제 송시열도 어찌 할 수가 없었다. 하지만 학문적인 자유주의를 표방한 윤휴의 인기는 조선의 사상계에 큰 파란을 일으키며 수많은 선비들이 윤휴의 주변으로 몰려들게 했다. 이제 송시열의 인내도 한계에 다다랐다. 그는 윤휴라는 한 이단과 직면하면서 더 이상 분노를 억제할 수가 없었다. 이후 죽음에 이르기까지 약 30년 동안 곁눈조차 팔지 않았던 윤휴에 대한 공격은 이런 맹세를 낳게 했다.

'분서갱유焚書坑儒의 화가 몸에 미칠지라도 윤휴를 배척한 일을 후회하지 않는다.'

다른 한편으로는 비장한 각오를 되새기기도 했다.

'만약 윤휴의 손에 죽는다면 더 이상 영광이 없다.'

성리학계의 이단아

누가 윤휴에게 이단의 멍에를 지울 수 있을까. 윤휴의 사고는 기본적으로 주자학을 벗어나지 않았다. 후학을 지도할 때는 《소학》, 《예기》, 《효경》, 《주자감흥시》, 《백록동규白鹿洞規》, 《시경》 순으로 가르쳤으며 주자의 말을 인용해 입론의 근거로 삼을 때도 많았다.

특히 젊은 시절에는 다음과 같은 시를 지어 공자와 주자에 대해 무한한 존경심을 표시했고 "후생이 법으로 삼을 자는 오직 회옹晦翁이 아닌가?"라는 말을 자주 되뇌었다.

> 공자 이후로 삼천 년이 흘렀고
> 주자부터 치자면 오백 년이 되었지.
> 시서와 하도낙서가 땅에 아니 떨어졌고
> 예학과 문장은 하늘에서 온 것이라네.

그러나 한 가지 분명한 것은 윤휴는 주자의 설을 금과옥조로 받아들이지는 않았다는 것이다. 이것이 바로 송시열을 위시한 당대 유자들과의 차이점이다. 윤휴와 관련된 모든 이단 논쟁은 여기서부터 시작된다.

윤휴는 학문적인 측면에서 자유주의자였다. 주자를 존경했지만 맹신하지는 않았다. 주자의 학설에 의문이 생기면 솔직하고 용감하게 표현했다. 이 모든 행동이 주자에 반기를 드는 것이라고 생각하지 않았다. 오히려 주자의 교훈을 따르는 것으로 여겼다.

윤휴가 주자를 절대시하던 당시의 사조에서 벗어날 수 있었던 비결은 무엇일까? 윤휴는 주자를 상회하는 어떤 권위를 확신하고 있었다. 그 권위는 바로 천天이었다. 하늘이라는 절대적인 권위 앞에서는 주자도 한갓 상대적인 존재에 지나지 않았다. 주자를 존경하면서도 맹신하지 않았던 이유도 여기에 있다. 이 점에서 송시열이 주자지상주의자라면 윤휴는 주자상대주의자였다.

이 모든 변명에도 불구하고 송시열에게는 도저히 용납될 수 없는 윤휴의 언행이 있었다.

첫째, 주자의 《경전주해》를 틀렸다며 자기 견해대로 변개한 사실.

둘째, 《중용》의 장구를 제거하고 새로운 주를 만들어 제자들에게 가르친 사실.

셋째, 주자가 부왕의 지위를 찬탈한 효종 밑에서 벼슬을 했기 때문에 불의의 군왕을 섬겼다고 공격한 사실.

넷째, 자신이 주자보다 우수하다고 생각하고 스스로를 공자에 비긴 사실.

다섯째, 종국에 가서는 공자마저도 잘못되었다고 생각할 수 있는 논리와 태도를 가졌다는 사실.

'주자를 믿지 않으면 이적' 이라는 송시열의 지론에 의거할 때 윤휴는 사문난적의 차원을 넘어선 이적이며 한 국가의 사상체계를 위협하는 모반자였다. 이제 송시열은 '목숨이 다하고 인종이 멸망하는 일이 생겨도 윤휴를 춘추의 법으로 처단하고 말겠다.' 는 순교 정신을 키워나가기 시작했다. 여기서 우리는 희대의 이단자로서 송시열의 힘겨운 라이벌인 동시에 증오와 공포의 대상이던 윤휴의 비중을 다시 한 번 되새기게 된다.

제1차 예송

1659년(현종 원년)의 기해예송己亥禮訟은 이 두 사람에게 이념투쟁을 부채질한 정치적 사건이었다. 여기서 두 사람은 완전히 등을 돌리게 되었다. 이즈음 둘은 학문과 정계의 위상이 날로 높아져 어느새 남인과 서인을 대표하는 산림이 되어 있었다.

사건의 발단은 현종이 즉위한 후, 효종의 장례가 함께 진행되었는데 인조의 계비였던 자의대비慈懿大妃가 효종을 위해 입을 복제가 문제였다. 인조는 정비였던 인열왕후仁烈王后가 세상을 떠나자 새로 계비를 맞아들였다. 바로 자의대비 조씨다. 아들 효종이 먼저 세상을 떠나자 젊은 과부였던 그녀의 입장이 애매해졌다. 과연 효종은 인조의 둘째 아들인가, 아니면 왕위를 계승했으니 큰아들인가. 전자라면 자의대비는 1년 동안 상복을 입어야 했고, 후자라면 3년을 입어야 했다.

예법을 중시한 조선에서는 이것이 큰 문제였다. 올바른 예법을 시행하는 것은 국가의 자존심 문제이기도 했다. 하지만 선례를 찾을 수 없었던 탓에 현종은 예학의 대가들에게 의견을 내라고 일렀다.

"전하, 비록 옛날의 예는 알 수 없으나《경국대전》과《대명률》등에 따르면 1년복이 옳은 줄 아뢰오."

좌의정 심지원이 뭔가 명쾌하지 않은 목소리로 이렇게 고했다. 그러자 송시열도 나섰다.

"예란 시대의 고금에 따라 다를 수도 같을 수도 있는 것이고 제왕의 예제는 더욱 가벼이 논하기 어려운 일입니다. 전하, 이미 여러 대신들이 1년복으로 의논을 드렸으니 신들로서는 다른 말을 할 수가 없습니다."

"대신들의 의견이 모두 그러한가? 그렇다면 그렇게 하도록 하라."

결국 자의대비의 상복은 1년복으로 결정되었다. 그러나 3년복을 입어야 한다는 주장이 계속 수그러들지 않았다. 바로 윤휴 등 남인의 의견들이었다. 그러다 보니 대신들은 모였다 하면 이 복제건으로 설왕설래했다. 마침 모임에 송시열이 나와 있는 것을 보고 영의정 정태화가 조심스레 물었다.

"왕실의 특수성을 감안해 현왕을 맏아들로 간주해야 합니다. 그러니 3년복이 옳은 것이 아닙니까?"

"《예서》를 보게나. 큰아들이 죽고 둘째 아들이 대를 이었다면 둘째 아들을 위한 상복도 3년이 되는데 이것 역시 예외가 아닌가. 즉, 대를 이른 아들이라도 다음 네 가지 경우에는 3년복을 입을 수 없네. 첫째 적장자에게 병이 있어 종묘를 감당하지 못한 경우, 둘째 서손이 후사를 이었을 경우, 셋째 서자가 대를 이었을 경우, 그리고 적손이 후사를 이었을 경우 이렇게 넷일세. 이번의 일은 셋째의 경우라고 보면 될 걸세."

"대감. 무, 무슨 말씀을 하시는 것입니까. 임금은 정실 소생이 아닙니까?"

정태화는 송시열의 말에 놀라 어쩔 줄을 몰라 하며 손사래를 쳤다.

"물론일세. 하지만 중국에서는 둘째 아들 이하의 자식은 서자라고 보았네. 단군왕검의 아버지 환웅만 하더라도 환인의 서자라고 《삼국유사》에 적혀 있지 않은가."

결국 송시열의 말은 소현세자의 아들이 적손이라는 말이 되고, 효종과 현종이 정통이 아니라는 말이 되므로 듣기에 따라서 매우 위험한 발언이 될 수 있었다. 그래서 정태화는 서둘러 이야기를 마무리하려고 하였다.

"소인은 《예경》의 깊은 뜻에는 깜깜합니다만, 《경국대전》에는 아버지가 아들 상에 모두 1년복을 입었다고 들었습니다. 그러니 이를 따라 1년복으로 결정하시지요."

결국 《경국대전》에는 아들이 죽으면 아버지는 큰아들이나 작은 아들 구분 없이 1년복을 입었다고 하니 그렇게 하자는 말이었다.

그러나 윤휴 쪽에서는 받아들이지 않았다. 오히려 그 규정은 사대부에게는 모르나 제왕가는 예외라고 주장했다. 윤휴는 효종이 왕이 되었으면 적자가 된 것이나 마찬가지니 3년복을 입어야 한다는 것이었다. 꼬리에 꼬리를 무는 논쟁이 계속되었다. 이것이 기해예송의 시작이다.

"윤휴를 처단하지 못한다면 우리의 묻힐 곳은 장담하기 어려울 것이네."

당시 서인들 사이에서는 이런 말이 공공연하게 오가곤 했다.

송시열의 주장은 자칫 효종이 서자라는 논리로까지 비약될 수 있는 약점이 있었다. 그럼에도 그가 자신의 주장을 굽히지 않았던 것은 나라와 집안에 공통으로 적용되는 예법은 사대부례여야 한다는 신념 때문이었다.

그러자 윤선도 등이 송시열이 이같이 주장하는 것은 효종의 적통을 부정하는 것이라고 공격함으로써 두 진영 사이에는 긴장감이 감돌고 말았다. 결국 자의대비의 상복은 윤휴의 주장도 송시열도 주장도 아닌 절충안인 정태화의 의견에 따라 1년으로 결정되었다. 그렇다고 조정이 조용해진 것은 아니었다. 논쟁이 끝난 것은 아니었기 때문이다. 그 와중에 윤선도가 상소를 올렸다.

이미 왕위에 올라 종묘를 이어받았더라도 끝까지 적통이 될 수 없다는 것이니, 말이 사리에 어긋나지 않습니까? 차장자次長子를 세워 후사를 삼았으면 적통이 다른 데 있을 수 있다는 것입니까? 다른 데 있다면 그게 가세자假世子란 말입니까? 섭황제攝皇帝란 말입니까?

송시열의 식견은 비록 부족한 점은 있지만 그렇게까지 깜깜하겠습니까? 그렇다면 그가 세 번씩이나 성인을 들먹이고 적통이 존엄하지 못하다는 말을 했는데 신은 그 뜻을 알 수가 없습니다. 그렇다면 송시열은 망령스러운 자가 아니면, 어리석은 자입니다. 어째서 국가 대례를 꼭 그 사람의 논의에 따라 정할 것입니까?

윤선도의 상소는 다소 속된 부분은 있으나 사람의 마음을 자극하는 부분이 있었다. 하지만 인신공격성 내용이 많아 서인들의 반발을 사기에 충분했다. 현종은 윤선도를 처벌하라는 하교를 내렸다. 윤선도는 관직을 삭탈당하고 삼수로 쫓겨 갔다. 이후 예송은 당쟁으로 변질되어 양자 간의 대립과 투쟁으로, 어느 한쪽이 죽을 때까지 종지부를 찍을 수 없는 상황으로 치닫게 되었다. 타협의 여지는 조금도 없었다.

"기해 이전의 윤휴는 이단이고, 기해 이후의 윤휴는 이단이고 소인이다."

제1차 예송에서 승리한 서인들은 공공연히 이렇게 말하고 다녔다.

송시열 역시 효종의 정통성을 부정했던 것은 아니다. 또 소현세자의 자손이 정통이라고 지지한 것도 아니었다. 그럼에도 그가 1년복을 주장한 것은 효종이 둘째 아들이었기 때문이다. 아무리 왕이라도 적차자라는 사실을 적장자로 왜곡할 수 없다는 게 그의 생각이었다. 효종을 서자라 해도 무방하다는 것이다. 그러나 이것은 효종의 정통성을 부인하는 것이었고 이 때문에 결국 송시열은 죽음을 맞이하게 되었다.

그는 자신이 정한 원칙에서 절대로 벗어나지도, 타협하지도 않았다. 그에게 중요한 것은 '예'라고 하는 절대진리였다. 어떤 가치도 그것에 우선하지는 않았다. 그 역시 예송에 정치적인 문제가 깔려 있다는 것을 모르지는 않았지만 그럼에도 자신의 의견을 굽힐 수 없게 한 것은 학자로서의 고집이었다.

제2차 예송

제1차 예송 이후 서인정권은 득세를 거듭했다. 그 중심에는 송시열이 있었다. 그러나 그의 일신이 편안했던 것은 아니다. 그의 원칙론적인 성격 탓에 조정은 싸움과 논쟁의 연속이었다. 그러다보니 현종에게 송시열은 존경스러운 한편 부담스러운 존재였다. 당시 조정에서는 송시열의 말이 곧 법이요, 진리가 되었고 대신들도 이렇다 할

토를 달지 못했다.

시간이 흐를수록 그의 고집불통 같은 행동은 그를 존경하거나 따르던 많은 이들을 적으로 돌리고 말았다. 현종의 처가와는 원수 사이가 되었고, 나랏일을 자신의 뜻대로 해 보고 싶던 현종에게도 기피의 인물이 되고 말았다.

그러던 1674년(현종 15), 와병 중이던 효종의 비 인선왕후 장씨가 세상을 떠났다. 그런데 문제는 이때까지도 자의대비가 살아 있었다는 것이다. 《경국대전》에는 부모가 죽은 자식을 위해 상복을 입을 때 큰아들, 작은 아들에 상관없이 자식을 위한 상복을 1년으로 규정하고 있다. 그래서 제1차 예송 때도 넘어갈 수 있었다. 그런데 죽은 며느리를 위한 상복은 이와 달랐다.

예조는 자의대비가 입을 상복을 1년복으로 정했다. 이는 인선왕후를 큰며느리로 인정한 것이 된다. 하지만 예조는 하루 만에 둘째 며느리로 정정하며 9개월로 깎아내렸다. 그러다보니 《경국대전》에 큰아들, 큰며느리를 위한 상복은 1년이라고 했는데 이것과 어긋났다는 것이 문제가 되었다. 이것이 제2차 예송인 갑인예송甲寅禮訟이다.

몇 달 후 상소 한 장이 현종에게 올라왔다. 대구에 사는 도신징都愼徵의 상소였다. 상소의 내용을 정리하면 다음과 같다.

효종 내외는 대를 이었으니 적장자이다.
그러나 현재 송시열을 비롯한 서인들이 국론을 장악하고 있다.
자칫하면 현종이 적장자가 아니게 될 수도 있다.

이 상소를 읽은 현종은 누구에게도 보이지 않고 오래 침묵하며 고민했다. 그러기를 며칠 후 신하들이 모인 자리에서 현종이 물었다.

"대왕대비께서 입을 상복제도를 예조에서 처음엔 기년복(1년복)으로 했다가 뒤에 다시 대공복大功服(9개월)으로 고친 것은 무엇 때문인가?"

대신들은 놀라 웅성거리며 대답하지 못했다.

"그때 오고 간 이야기들을 다 기억할 수는 없으나 송시열이 기년복으로 의논을 정하고 나서 그 후에 풍파가 일자 나에게 '영의정 정태화가 지금《경국대전》대로 사용해도 뒷날 말하는 자가 있을 것이라고 했는데 지금 그러하니 정태화가 과연 식견이 있습니다.' 라고 했다. 그때에는 옛날의 예를 사용하지 않고《경국대전》에 따른 것이다. 그렇다면 오늘날 대공복의제도 역시 이에 따른 것인가?"

그러자 김수흥은《경국대전》에는 큰아들, 작은아들의 구분이 없었다고 변명했고 자신은 제1차 예송 때 참여하지 않아 잘 모른다고 발뺌했다. 그러자 현종이 다시 물었다.

"오늘날의 상복제도를 옛날의 예로 한다면 어떤 복을 입어야 하는가?"

"대공복이 맞습니다."

"그렇다면 기해년의 것과 오늘의 것이 왜 앞뒤가 다른가?"

"그때는 옛날과 지금의 예를 참작하여 사용했고 지금 역시 그와 같이 하였습니다."

서인들은 앞다투어 왕을 설득하고 달래려고 했다. 하지만 현종의 표정은 싸늘하기만 했다. 게다가 승지 김석주金錫冑가 송시열의 말이라며 효종을 인조대왕의 서자로 보아도 좋다고 했다는 말까지 전해지면서 조정의 공기는 그야말로 냉랭하게 굳어졌다.

15년 전의 이 말 한마디가 서인 세력이 몰락하는 단초가 되었다.

결국 현종은 자신의 독단으로 자의대비의 복제는 1년복으로, 그리고 어머니 인선왕후는 맏며느리로 결정했다. 제2차 예송은 그렇게 끝났다. 그리고 자의대비의 상복을 대공복으로 바꾸었던 예조의 사람들은 모두 귀양을 가거나 처벌을 받았다.

제2차 예송 중에 송시열은 초야에 묻혀 있었다. 게다가 병까지 들어 거동도 자유롭지 못했다. 그는 자신을 처벌해 달라는 글을 올렸으나 현종은 별다른 답을 하지 않았다. 제2차 예송이 끝난 후 한 달이 지났을 즈음 갑자기 현종이 병에 걸려 승하했다. 갑작스런 일이었다. 그 뒤를 이은 이가 숙종이다.

사상의 죽음

갑인예송의 결과로 남인이 집권하자 윤휴는 조정으로 나갔다. 세상에서는 이러한 그를 곧지 않다고 비난하기도 했지만 윤휴는 분명 남인을 대표하는 이론가였다. 한창 나이인 쉰여덟 살의 윤휴는 자신의 오랜 구상을 의욕적으로 실천하려 했다. 평소의 소신이던 북벌을 외치며 체찰부의 설치를 강력히 주장했다. 그리고 외척들의 폐단을 경계하는 한편 대비의 정치적인 간섭을 노골적으로 차단했다. 또 차일피일 미뤄진 호포제戶布制와 오가작통법五家作統法 등을 바로 실시했다.

그러나 그에게 주어진 권력의 세월은 불과 6년이었다. 다시 회오리바람이 불어닥쳤기 때문이다. 1680년(숙종 6)의 경신환국은 윤휴로 하여금 영욕의 생애를 마감하게 했다. 그는 체찰부를 설치해 군권을 차지하려 했고 대비에 대해 불경한 언사를 거듭했다는 이유로 죽음을 맞았다. 사실 그가 주장한 개혁은 비현실적인 부분이 많았다.

또한 그는 정사의 경험은 적었다. 그러면서 남인들 사이에서조차 크게 지지받지 못하게 되었던 것이다. 게다가 그가 추진하는 개혁들이 쉽게 이루어지지 않을수록 그는 사대부는 물론 관료와 척신들과도 멀어졌다.

윤휴의 죽음에는 석연치 않은 구석이 많다. 사상이 건전치 못하다 해 죽었다는 말은 없지만 송시열과의 사상적인 혐원, 예송에서의 격돌은 죽음의 조건으로 충분했다.

노론들은 이 당대의 이단자에게 사상범의 족쇄를 채워 영원히 매장시키려 했다. 10년 후 남인이 재집권을 하게 되었을 때 일시적으로 신원되기도 했지만 5년 후 이는 다시 번복되고 말았다. 이제는 남인들도 윤휴를 기피하게 되었다. 윤휴와 한 배를 타서는 결코 회생할 수 없는 것이 당시 정치의 현실이었다.

숙종은 비대해진 남인의 군권을 서인으로 바꾸려는 비상한 조치를 단행했고 이어 복창군福昌君 형제 등의 역모 고변이 들어오자 남인을 완전히 조정에서 빼 버리려고 했다. 이것이 경신환국이다.

결국 윤휴는 정치 투쟁에서 밀려 사사되었다. 게다가 학자들 사이에서는 유학을 어지럽히는 사문난적이라는 멸시까지 받았기 때문에 그의 사상은 20세기 초까지도 금기시되었다. 이것이 자유주의를 추구하며 교조적인 이념에 과감하게 도전했던 한 사상가의 운명이었다. 윤휴의 죽음과 사상적인 매장으로 인해 주자학에 대한 비판의 분위기는 전면적으로 차단되었고 주자학의 교조성은 더욱 기승을 부리게 되었다.

주자를 위해 몸바친 한평생

윤휴가 죽은 지 10년 만에 조정에는 또 다른 파란이 일어났다. 바로 1689년(숙종 15)에 일어난 기사환국己巳換局이다. 숙종은 후궁 장희빈이 낳은 아들을 서둘러 원자로 삼으면서 이를 반대하는 서인을 축출하고 남인을 등용했다. 송시열 역시 이를 반대하자 남인들은 기회를 잡은 듯이 그를 처벌해야 한다고 들고 일어났다. 그동안 송시열에게 칼을 갈고 있었던 남인의 정치보복이기도 했다.

그는 제주의 유배지에서 국문을 받기 위해 서울로 압송되는 중이었다. 그러나 남인은 그를 국문할 필요도 없다며 성화를 부렸다. 유명천의 말을 빌려 보면 보다 그 뜻이 드러난다.

"근래에 죄인 송시열을 구하려는 해괴한 일이 생기고 있습니다. 인심이 그릇되었으나 수습할 방법이 없습니다. 이는 훗날을 위한 계책일 듯합니다. 지금 그가 국문을 받으러 올라온다는 소식을 듣고 그를 맞으러 가는 사람이 길가에 가득하니 그 기상이 두렵습니다."

남인은 송시열의 국문 중에 발생할 비상사태를 두려워했던 것이다. 숙종은 명령했다.

"대신들의 뜻이 그러하고 또 그의 죄악이 국문하지 않아도 될 정도로 여지없이 나타났으니 사사하라. 도사가 약을 가지고 가다가 그를 만나는 대로 사사함이 마땅하다."

송시열은 윤휴만 제거하면 정적도 숙청하고 사상계도 정화될 것으로 믿었다. 그리고 모든 것이 순조롭게 진행될 것이라고 기대했을 것이다. 그러나 그것은 오산이었다. 윤휴가 정치적인 각본에 의해 죽은 것처럼 그 역시 정치극에 휘말려 죽음의 문턱에 선 것이다. 죽기 직전 그는 손자를 시켜 효종의 어찰을 바치게 하고 문인 정조鄭慥를 보내 사계 김장생의 묘 앞에 영결의 제문을 바쳤다. 그리고 수제자 권상하를 불러 이이, 김장생, 김집의 유적을 전수하는 한편 생전에 완수하지 못한 모든 사업을 부탁했다.

그는 서울로 향하는 이 길이 마지막 길이 될 것을 감지했다. 이미 그는 노구로 인해 몸이 말이 아니었다. 그러면서도 그는 군왕이 내리는 사약을 받기도 전에 죽는 것은 도리가 아니라고 생각했다.

"도대체 사약이 왜 이리 늦는 게냐!"

그는 때로 이렇게 소리를 질렀다. 노구를 추스르면서 그는 자신에게 죽음을 가져올 의금부도사를 학수고대하고 있었다.

그럼에도 죽음 앞에서 사림의 영수로서의 체모를 잃지 않고자 했다. 전라도 정읍에 이르렀을 때 의금부도사 일행을 만나자 그는 의관을 정제한 다음 숙종이 내린 사약을 받았다. 그가 사약을 받는 장면은 실로 엄숙하고 장엄해, 주변에 늘어선 제자들은 슬픔을 감추지 못하고 통곡했다.

그는 사약을 마시기 전 유언을 남겼다. "학문은 마땅히 주자를 주로 할 것이며, 사업은 마땅히 효종이 하고자 했던 뜻을 위주로 해야 할 것이다."

그의 나이 83세였다. 죽음의 순간 송시열은 주자가 계신 하늘로 가기를 원했을지도 모른다. 한평생 주자를 위해 몸 바친 삶이었기에 다른 사람은 몰라도 자신만은 주자의 품에 안길 수 있는 충분한 자격이 있다고 믿었을 것이다. 그러나 송시열은 분명 한 가지 중요한 사실을 간과했다. 바로 주자와 주자학에 대한 교조적인 믿음과 수호가 조선의 사상계를 경직시키고 한 활달한 사상가를 이단으로 매도했다는 점이다.

이황과 이이에 의해 뿌리를 내린 조선의 주자학은 송시열에 의해 입론의 경계가 선명하게 그어지고 말았다. 그의 추종자와 후학들에게는 숭고한 업적으로 평가받았지만 역사적 정황을 감안하면 찬양할 수만은 없는 일이다. 여기서 역사에 남겨진 송시열의 오점을 발견하게 되는 것이다.

송시열은 친구에게 이렇게 말한 적이 있다. "입만 열면 반드시 주자의 일을 말하는 것도 내게 있어 하나의 죄이다."

주자에 순응하지 않은 것도 죄였겠지만 주자를 무조건 따르는 것도 죄가 되기는 마찬가지였다. 송시열은 그것을 너무나도 잘 알고 있었던 것이다.

조선을만든사람들

7

진보와 보수, 시대의 리더십

다산 정약용 vs 심환지와 노론 벽파

아직 바깥은 먼동이 트지 않아 희미한 어둠이 깔려 있었다. 그러나 궁 안은 바쁘게 오가는 나인들의 발걸음 소리로 소란했다. 정조가 문무대신 등 6,000여 명의 인원을 이끌고 화성 행차를 하는 날이었기 때문이다. 8 일간의 빠듯한 일정을 맞추려면 출발을 서둘러야 했다. 더구나 이번 을 묘원행은 혜경궁의 환갑잔치까지 겸하고 있어 그 준비에 더욱 각별히 만 전을 기할 수밖에 없었다.

정약용은 이른 새벽부터 나와 마지막 점검을 하고 있었다. 그는 사도 세자를 그리워하는 정조의 입장을 익히 알고 있었고, 그에 공감을 표하 고 있었다. 때문에 원행을 준비하는 그의 손길은 아무래도 야무질 수밖 에 없었다. 그러나 그의 머릿속은 엊저녁 채제공에게서 들은 말로 혼란 스럽기 그지없었다.

"며칠 전 전하께서 나와 유언호兪彦鎬를 부르시더군. 그러고는 이번 원행에 마음 단단히 먹으라고 당부하시더군. 이제 백성이 원하는 정치를 위해 거침없이 진입할 것이라고 하시면서 말이네. 이것이 과연 무슨 뜻 이겠는가?"

불안한 마음이 계속되고 도무지 진정되지 않았다. 머리를 식히고자 그는 하던 일을 멈추고 창호지 문을 열었다. 아직 다소 차가운 새벽 공기 가 가슴속까지 밀려 들어왔다.

이 행차를 앞두고 조정은 완전히 초긴장 상태였다. 원행이라는 것이 왕실의 권위를 극대화시킬 수 있는 합법적인 행사이긴 했으나 왕이 군수 권과 재정권을 완전히 장악하지 않으면 실현되기 어려운 일이었다. 그렇기 때문에 정조를 반대하는 노론 벽파들은 어떻게 해서든 이번 행차를 막으려고 갖가지 술수를 부려왔다. 불과 며칠 전에도 임금의 주변 인물들의 비리를 폭로하는 상소를 연달아 올리기도 했다.

'전하께서 즉위하신 지 10여 년의 세월이 훌쩍 지났지만 세도世道는 갈수록 타락하고 민지民志는 날로 미혹되어 지금에 와서는 어떻게 수습할 수도 없는 지경에 이르고 말았다.'라는 취지의 상소는 정약용이 보기에도 민망할 정도였다. 더욱이 정조의 측근들이 사리사욕을 채우는 데 급급해 화성을 축조하는 과정에서 공사비를 빼돌리고 있음은 물론, 장용영壯勇營과 같은 신설 군영이 국왕의 총애를 등에 업고 정령을 혼란스럽게 하고 있다는 내용에 이르렀을 때, 정조의 심기는 상당히 불편해져 있었다.

이런 임금의 불편한 심기에도 아랑곳 않고 노론 신료들은 정조의 면전에서 툭하면 "명령이란 명령은 무조건 따르라는 하교는 아마도 지당하지는 않은 듯합니다. ……요 임금이나 순 임금 시대에도 신료들이 불합리한 명령을 거부하는 아름다움이 있었습니다."라거나 "죽으면 죽었지 감히 그 명을 받들지는 못하겠습니다."라며 공공연히 반발을 하고 있는 실정이었다. 임금과 신하들의 갈등은 대립을 넘어서 이제는 극한으로 치닫고 있었다.

'이번 원행은 예전과는 느낌이 다르다. 심상치 않은 조짐이야. 표면적으로는 어머니이신 혜경궁 마마의 회갑을 축하하기 위한 모양새를 하고 계시지만, 폐하께서 이번 기회에 저들에게 확실하게 입장을 표명하실 모양인 것 같다.'

복잡한 머릿속을 추스르며 정약용은 행렬에 참여했다. 거대한 행렬은

다산 정약용 vs 심환지와 노론 벽파

돈화문을 출발해 종루(보신각)와 숭례문을 지나고 노들(노량) 배다리를 통해 한강을 건넜다. 그런 다음 일행들은 노량행궁에서 점심을 들었다. 연도에서 수많은 백성들이 늘어서 환호했다. 그렇지만 신료들의 머릿속은 저마다의 생각들로 치열하게 움직이고 있었다.

회갑연을 무사히 마치고 나흘째 되던 날 드디어 일이 벌어졌다. 정조가 어머니 혜경궁과 현륭원을 참배한 후에 저녁부터 새벽까지 대대적으로 야간 군사훈련을 실시한 것이다. 정조는 병조판서 심환지 등 노론 신료들에게 이 훈련을 지켜보도록 하는 것을 잊지 않고 명했다.

정조는 화성에서 제일 높은 장소인 서장대에 올라가 직접 군대를 진두지휘했다. 이들은 정조가 친히 감독한 아래 훈련된 장용영 병사들이었다. 훈련을 지켜본 노론 신료들의 뇌리에 한줄기 불안감이 스쳐 지나갔다.

"아니, 대감. 저런 것을 왜 우리에게 보여 주신답니까?"

벽파의 홍상범이 좌의정 심환지에게 귓속말을 했다. 심환지의 낯빛 역시 어두워져 있었다. 그는 끙, 하고 마뜩찮은 기색을 드러냈다. 노론 신료들은 친위쿠데타를 일으키는 것이 아닌지 의심하는 소리로 술렁거렸다.

8일간의 원행이 무사히 마무리될 즈음 정조는 신하들에게 술을 하사했다. 신하들의 입에서는 이번 원행에 대한 찬사가 쏟아져 나왔다.

"오늘 같은 성대한 행사는 천 년을 가도 보기 드문 일이 아닐까 하옵니다. 전하."

"전하의 치세가 백성들의 마음까지 닿고도 남았사옵니다."

하지만 노론 신료들은 입을 꾹 다문 채 술잔만 기울였다. 정약용은 좌

불안석이었다. 정조는 거침없는 돌파력으로 마침내 노론과의 전쟁을 선
포한 것이다.

학문의 궁극적 목적은 백성들을 잘 살게 하는 것이며
백성들이 배불리 먹고 편하게 지내야 잘하는 정치다.
그런 정치를 펴려면 실학을 발전시켜야 한다.

정약용丁若鏞, 1762~1836년

아명은 귀농歸農. 자는 미용美鏞 또는 송보頌甫. 호는 다산茶山 또는 삼미三眉, 여유당與猶堂, 사암俟菴, 자하도인紫霞道人, 탁옹籜翁, 태수苔叟, 문암일인門巖逸人, 철마산초鐵馬山樵. 당호는 여유당與猶堂. 본관은 나주. 조선 후기 실학을 집대성한 학자. 일찍이 아버지 정재원丁載遠으로부터 경사經史와 시문詩文을 배웠다. 1776년(정조 원년)에 아버지를 따라 상경해 이가환李家煥과 매부인 이승훈李承薰 등 남인학자들과 교류했다. 1778년(정조 2) 이익李瀷의 글을 읽고 실학에 심취하게 되면서 채제공, 권철신, 박지원, 이덕무, 박제가 등과 교류했다. 1789년(정조 13) 문과에 급제해 희릉직장禧陵直長에 임명되었으며 예문관검열을 거쳐 정언, 지평持平을 지냈다. 1792년(정조 16) 수찬에 임명되었으며 같은 해 수원성 축성 시 설계를 담당했고 축성기기로 거중기, 고륜, 활차 등을 고안해 축성에 이용했다. 사간, 동부승지, 병조참의, 동부승지, 곡산부사 등을 지냈으며 1797년(정조 21) 형조참의로 재직하다가 사직했다. 1801년(순조 원년) 천주교도의 박해 때 형 정약종丁若鍾 등과 함께 체포되어 장기로 유배 갔다가 강진으로 이배되어 1818년(순조 18)까지 유배생활을 했다. 풀려난 후 고향인 양주로 돌아와 학문 연구와 저술에 전념하다가 1836년(헌종 2)에 죽었다. 주요 저서로는 《정다산전서丁茶山全書》, 《목민심서牧民心書》, 《흠흠심서欽欽新書》, 《경세유표經世遺表》, 《마과회통麻科會通》, 《아방강역고我邦疆域考》 등이 있다.

우매한 서민이라도
그 누가 성상의 뜻이 무엇인지 모르겠으며
또 누가 감히 그 사이에 이론을 제기할 수 있겠습니까?

심환지沈煥之, 1730~1802년

자는 휘원輝元. 호는 만포晚圃. 본관은 청송靑松. 조선 후기의 문신. 아버지는 심진沈鎭이며 어머니는 부사를 지낸 안동 김씨 김이복金履福의 딸이다. 1771년(영조 47)에 병과로 급제한 후, 정언, 교리, 부수찬 등 언관직을 두루 거쳤고 1787년에는 호서湖西의 암행어사로 지방을 순찰하기도 했다. 이후 대사간, 대사헌을 지냈고, 형조참판이던 1792년(정조 16) 김희채金熙采의 탄핵을 받아 유배되었다가 이듬해 복귀해 이조참판에 올랐다. 이후 홍문관과 예문관의 양관 제학, 규장각제학, 이조판서, 병조판서 등을 거쳐 1795년(정조 19) 우의정과 좌의정을 지냈고, 1800년(순조 즉위년)에는 영의정에 올랐다.

노론의 대표적 인물로 신임의리辛壬義理를 고수했고, 사도세자의 죽음이 정당했다고 주장하는 벽파의 영수를 지냈다. 정조가 죽은 후 장용영壯勇營을 혁파했고, 나이 어린 순조의 원상院相(어린 왕의 즉위로 섭정이 이루어질 때 승정원에 나와서 왕을 보좌하고 육조를 통할한 관직)이 되어 정권을 장악하고 신유사옥辛酉邪獄을 일으켰다. 1802년(순조 2) 문충文忠이라는 시호가 내려졌으나 1806년(순조 6), 관작이 추탈되었다.

16세기에는 퇴계, 율곡 등의 조선 순정주자학이 확립되면서 사상계는 주자학 지상주의로 빨려 들어갔다. 효종이 즉위한 뒤 정국의 주도권을 잡은 우암 송시열 등이 주자학을 교조적으로 계승해 사상계는 경직되고 당쟁과 예론으로 말미암아 정치는 혼란해졌다.

조선 후기는 서인(에서 갈라져 나온 노론)의 일당 독재 시기였고 서인과 예론으로 대치하던 남인은 숙종 대의 경신환국 이후 완전히 몰락했다. 이에 몰락한 기호남인들은 은둔하며 상대적으로 자유로운 사상의 지평을 더듬던 가운데 마침내 도래한 서학西學과 천주교를 믿는 사람들이 생겼다. 정약용도 기호남인의 한 사람으로 이러한 대열에 동참하게 되었다.

한편 병자호란 이후 숭명배청崇明排淸 풍조가 지배하면서 조선은 청나라의 선진적인 사상조차도 배격하게 되었다. 그러자 이러한 노론의 과도한 숭명배청을 반대하는 비주류 지식인들 가운데 오히려

고증학을 비롯한 청나라의 선진 문물을 배워야 한다는 북학론北學論을 제기하는 이들이 나타났다. 송시열의 북벌론北伐論에 반대하는 북학론은 노론 소외 세력에서 불거져 나왔다. 그리고 소론의 줄기인 인조반정 공신들은 반정공약 가운데 가장 중요한 존명사대尊明事大가 병자호란 때 청에게 항복함으로써 무의미해지자 곤혹스러웠다. 이에 송시열 등 호서사림의 공격에 대처하는 방법으로 현실론인 양명학으로 기울어 강화학파江華學派를 창도했다.

인조반정 때 서인은 스스로 분열을 막고자 관제야당인 남인을 키웠으나 예론으로 서인과 남인 사이의 당쟁이 심해지자 국가가 공멸할 위기에 처하게 되었다. 이에 탕평론이 제기되어 영, 정조 시대에는 노론과 소론의 탕평책이 전개되었으나 사도세자의 죽음을 동정하는 시파時派와 이를 반대하는 벽파僻派가 다시 대치하게 되었다. 이 와중에 정조는 군주권을 강화하려는 목적으로 남인시파를 기용하고자 했는데, 체제공을 비롯한 이가환, 정약용 등이 그들이다.

그러나 이러한 정조의 개혁정치와 정약용에 대해 노론은 끊임없이 비판하고 견제했는데 이러한 벽파 세력의 영수가 바로 심환지이다. 정조가 승하하면서 정약용이 관직을 잃고 오랜 세월을 유배지에서 보낸 것과는 반대로 그는 정조의 24년 치세를 깡그리 부인하면서 영의정에 올라 벽파의 정순왕후와 함께 영수로 조정을 주물렀다.

네 살에《천자문》을 일곱 살에는 한시를

정약용은 경기도 광주 초부면 마현리에서 아버지 정재원丁載遠과 어머니 해남 윤씨 사이에서 셋째 아들로 태어났다. 그가 태어나던 해는 사도세자가 뒤주에 갇혀 죽은 해이기도 하다. 이 사건을 접한 정재원은 벼슬을 버리고 고향으로 돌아왔다. 그래서 그는 그때 태어난 셋째 아들의 이름을 귀농歸農이라 지었다.

정재원은 첫 번째 부인인 의령 남씨에게서 맏아들 약현若鉉을 얻었고, 두 번째 부인인 해남 윤씨에게서 약전若銓, 약종若鍾, 약용若鏞 삼형제와 이승훈李承薰과 혼인한 딸 하나를 얻었다. 그리고 후취였던 잠성岑城 김씨에게서는 아들 약황과 세 딸을 두었다. 큰딸은 채제공의 서자인 채홍근蔡弘謹에게, 둘째 딸은 나주목사를 지낸 이인섭의 서자 이중식李重植에게 시집갔다.

정약용의 집안은 조선 초기에 8대가 홍문관 관원까지 오른 명문가였으나 5대조부터는 이렇다 할 관직을 얻지 못하다가 그의 아버지 대에 이르러 진사로 진주목사까지 지냈다.

정약용은 아버지에게서 학문의 기초를 배웠다. 네 살 때부터《천자문》을 배웠고 일곱 살에는 처음 시를 지었다.

작은 산이 큰 산을 가리니 小山蔽大山
멀고 가까운 땅이 같지 않네 遠近地不同.

〈산〉이란 제목의 이 시를 본 아버지는 그를 매우 기특하게 여겼다.

"사물을 분별하는 지혜가 밝으니 자라면 역법曆法과 산수算數에 능통하겠구나."

그는 열 살 전에 이미 《삼미자집三眉子集》이라는 시집을 낼 정도로 한시를 잘 지었다. 글짓기를 아주 즐겨, 일 년이면 지은 글이 그의 키 높이만큼 쌓였다고도 한다.

정약용은 아홉 살 때 어머니가 세상을 뜨는 바람에 큰형수인 경주 이씨와 잠성 김씨의 보살핌 속에서 자랐다. 그는 어머니에 대한 그리움을 극복하기 위해 더욱 독서에 매달렸다. 그러다가 열여섯 살에 서울에 사는 홍화보洪和輔의 딸에게 장가를 들었다. 그리고 얼마 후 정조가 즉위하면서 아버지가 호조좌랑으로 복귀하자 서울로 올라와 살게 되었다.

서울에서 그는 어머니 해남 윤씨의 친정인 외가에 자주 드나들었다. 외증조부인 윤두서尹斗緖가 가진 많은 책들을 읽기 위해서였다. 정약용은 윤두서를 많이 닮았다고 한다. 또 매부 이승훈의 일가인 이가환의 집에도 출입하면서 이가환의 증조부인 성호 이익李翼의 책들을 읽고 새로운 학문에 접하게 되었다.

"나는 성호를 마음속으로 본받는 가운데 배운 것이 많다."

그는 훗날 자손들에게 이렇게 밝힐 정도였다. 그리고 연암 박지원, 아정 이덕무, 초정 박제가 등 북학파 실학자들과도 사귀었다. 이 시기에 그는 서학西學에 관심을 가지게 되었는데 이로 인해 천주교 신자로 지목되어 평생을 시달렸다.

아버지가 화순 현감이 되어 임지로 내려가자 둘째 형인 약전과 함께 그곳에서 가까운 절에 들어가 《맹자》를 읽었다. 그는 아버지나 장인의 임지를 따라다니며 독서를 하거나 민정을 살폈다. 이러한 경험은 훗날 《목민심서》나 《경세유표》를 쓰는 데 자료가 되었을 것이다.

인생의 족쇄가 된 서학

1784년(정조 8) 스물세 살이던 정약용은 형 약현, 약전과 함께 생원 초시에 합격했고 성균관에 입학했다.

그해 여름 정조는 성균관 유생들에게 《중용》에 관한 80개의 질문을 주면서 답변을 제출하라는 숙제를 냈다. 정조는 정약용이 해 낼 것이라고 믿고 그의 능력을 발휘하게 함으로써 그를 기용할 빌미를 마련하려 한 것이다. 전부터 정조는 그를 눈여겨보고 있었다. 정약용은 이벽李檗을 찾아가 의논한 끝에 천주교의 상제上帝를 끌어다 《중용》을 새로이 해석한 《중용대책》을 바쳤다. 정조는 그의 기발한 답안에 극찬을 아끼지 않았다. 그는 남인 시파時派인 정약용을 기용해 노론의 독주를 막아 보려는 심산이었다. 당시 정조의 나이는 서른세 살로, 정약용과는 열 살 차이였다.

그 후에도 그는 정조의 질문에 탁월한 답안을 올려 칭찬과 포상을 많이 받았다. 당시에는 성균관 유생들의 학문 정진을 위해 규장각에서 발행한 책을 성적이 우수한 사람들에게 왕이 친히 하사하곤 했는데 정약용은 《대전통편大典通編》 등 너무 많은 책을 하사받아 더 이상 받을 만한 책이 없어 마침내는 《병학통兵學通》이라는 병서까지 받을 정도였다.

"너는 장수의 재주도 겸하고 있으니 특별히 이 책을 내린다."

말은 이렇게 했지만 사실 정조는 문과에 자꾸 떨어지는 그가 무과라도 급제한다면 그것으로라도 기용하고자 하는 마음이 컸다. 정조역시 그가 급제하지 못하는 이유가 남인 출신이라 노론이 심하게 견제하고 있기 때문이라는 것을 알고 있었다. 결국 다산은 남인의 지도자 채제공이 우의정이 된 다음 해인 1789년(정조 13)에야 비로소 급제할 수 있었다.

그는 벼슬에 나가자마자 곧 초계문신抄啓文臣으로 발탁되었다. 이것은 신진 관료 중 우수한 자를 왕실도서관인 규장각에서 재교육하는 제도로, 당색이나 문벌이 서로 다른 초임 관리들을 서로 교류하게해 동료의식을 갖게 하고, 탕평정치蕩平政治를 보좌할 관료집단으로양성하는 데 그 목적이 있었다.

그해 가을, 정조는 그에게 배다리浮橋를 만드는 설계를 맡겼다. 정조는 그가 서학서를 통해 서양의 과학지식을 익힌 사실을 잘 알고 있었기 때문에 그가 이 설계를 하는 데 적임자라고 여겼다. 정조에게는정약용처럼 이론과 실제를 겸비한 인재가 필요했다. 정조의 예상대로 그는 탁월한 설계도를 그려 냈고 그대로 채택되었다. 그는 이처럼경학經學뿐 아니라 기술 분야에서도 뛰어난 능력을 발휘했다.

그러나 이렇듯 뛰어난 실력과 정조의 신임까지 두터운 그를 반대파인 노론 벽파는 곱지 않은 시선으로 주시하고 있었다. 첫 번째 사건은 그가 서학을 신봉했다는 이유로 충청도 서산으로 유배당한 것이다. 그는 조정에 나오기 오래전, 천주교를 처음 접했다. 고향 마재에서 큰형수의 장례를 치르고 한양으로 돌아오는 배 위에서였다. 배에는 둘째 형 약전과 셋째 형 약종, 그리고 큰형수의 동생인 이벽이 타고 있었다. 그날도 이벽과 약용은 유학에 대해 이런저런 이야기를 나누던 중이었다. 이벽이 물었다.

"그런데 자네 혹시 《천주실의天主實義》라는 책을 들어 봤나?"

"그것이 무엇입니까?"

"승훈이가 연경에서 구해 온 걸세. 매우 흥미로운 책이더군. 자네도 한번 읽어 볼 텐가? 그렇다면 우리 집에 잠깐 들르게. 내가 빌려 주지."

"아, 그렇군요. 감사합니다. 저도 읽어 보겠습니다."

그는 《천주실의》를 빌려 읽고 나서 매우 흥미를 느꼈다. 특히 관심이 가는 것은 그 책에 적힌 평등사상이었다. 또 조선에서는 구경도할 수 없는 서구의 과학기술에도 관심이 갔다. 그는 매형인 이승훈이 북경에서 가져 온 많은 천주교 서적과 십자가, 성화, 과학기기도 살펴보았다.

이것이 벽파에게 빌미를 제공했다. 그의 주변 인물들이 대부분 천주교에 관심을 가지고 있었기에 그에게 천주교는 그리 낯선 학문이 아니었다. 약전과 약용은 천주교를 학문적인 입장에서 받아들였지만 이승훈, 이벽, 정약종은 종교로 받아들였다. 천주교가 법으로 금지된 후에도 그들의 믿음은 변하지 않았다. 하지만 다행히 인재를 아끼는 정조가 개입해 첫 유배는 열흘 만에 종지부를 찍을 수 있었다.

정조의 개혁 의지

1792년(정조 16), 그는 홍문록弘文錄에 올랐다. 홍문관은 고위직으로 가는 길목이었다. 홍문관 관원이 되면 사헌부, 사간원 관원인 대간臺諫이 될 수 있었다. 대간은 지위가 높지는 않았으나 백관에 대한 탄핵권이 있어 그 권한이 컸다. 더구나 대간의 탄핵을 받으면 혐의가 있건 없건 사직하는 것이 관례였다. 그래서 정조는 남인 인사들을 대간에 임용하고 싶어 했던 것이다. 이 사실을 알아챈 노론 벽파는 위기를 느꼈다.

그러나 아직 정조에게는 노론을 누를 힘이 없었다. 더구나 정약용은 아버지가 세상을 떠나는 바람에 삼년상을 치르기 위해 고향으로 내려가야만 했다.

어느 날 고향에서 시묘살이 중이던 그에게 정조의 전갈이 왔다.

"화성을 축조할 방안을 연구해 보라."

원래 사도세자의 묘는 영주 배봉산에 있었는데 정조는 1789년(정조 13)에 화성으로 이장한 터였다. 정조는 그곳을 현륭원顯隆園이라 이름 짓고 틈만 나면 찾았다. 더 나아가 정조는 이곳을 자신의 개혁을 실현시킬 새로운 도읍으로 삼으려고 했다. 정약용 역시 지금의 조선에서는 개혁이 필요하다는 것을 절실히 느끼고 있었다. 화성 축조는 그 첫 단초가 될 것이었다. 그런 의미에서 자신에게 이 일을 맡긴 정조의 마음을 읽을 수 있었다.

그는 정조의 뜻을 받들어 윤경尹耕이 쓴 《보약保約》과 유성룡의 《전수기의戰守機宜》 등 축성제도를 참작해서 《성설城說》을 집필했다. 이것을 받아 본 정조는 크게 만족했다.

"궁중도서인 요하네스 테렌즈Johannes Terrenz의《기기도설奇器圖說》등을 정약용에게 내려 연구에 더욱 박차를 가하도록 하라."

수원 화성은 이렇듯 동서양의 기술을 참고해 1794년 1월에 착공에 들어가 1796년 9월에 완공되었다. 10년이 걸려도 어렵다는 성을 2년 6개월 만에 완성한 것이다. 이것은 바로 거중기, 녹로 등 여러 우수한 기계와 벽돌 등의 신소재를 사용했기 때문에 가능한 일이었다. 화성 축성과 함께 부속 시설물로 화성행궁, 중포사, 내포사, 사직단 등 많은 건물을 세웠으나 전란으로 파괴되어 현재는 화성행궁의 일부만 남아 있다.

완성된 수원화성을 보고 정조는 이렇게 말했다.

"참으로 아름답고 장대하다. 다만 사치스러워 보일까 두렵구나. 하지만 미려한 아름다움은 적에게 위엄을 보여 줄 것이다."

현재 수원 화성은 사적 제3호로 지정 관리되고 있으며, 1997년 12월 유네스코 세계문화유산으로 등재되었다.

계속되는 천주학 논란

그는 서른세 살인 1794년(정조 18)에는 경기도 암행어사로 민정을 살피고 경기관찰사 서용보徐龍輔의 세력에 빌붙어 비리를 저지른 사람들을 징계해 다스렸다. 그러나 이 악연으로 서용보의 견제가 시작되어 일생 동안 괴로움을 겪기도 했다.

그가 사간원 사간을 거쳐 동부승지에 임명되자, 조정에서는 일대 소란이 일었다. 파격적인 승진이 계속되었기 때문이다. 남인인 정약용을 그대로 조정에 둘 경우 사도세자 문제가 다시 불거져 나올지 모른다는 우려는 계속되었고 급기야 정약용을 공격해야겠다는 결론에 이르게 되었다. 그리고 그 빌미는 역시 천주교였다.

다음 해 7월, 대사헌 권유가 정조에게 상소를 올렸다.

"달포 전에 포도대장이 세 사람을 사살했는데 이들이 사학邪學의 무리였습니다. 비록 채제공이 전하께 보고 드린 후에 그렇게 하였다고는 하나, 마치 단서가 탄로날까 두려워 입을 막은 듯합니다. 그 포도대장을 잡아 엄히 죄를 물으셔야 할 것입니다."

상소는 포도대장을 겨냥하고 있었으나 실은 남인의 영수인 채제공의 죄를 묻고 있었다. 정조 역시 이 사실을 알고 있는지라 이 상소를 거부했다. 사흘 후, 또 한 장의 상소가 올라왔다.

……달포 전에 일어난 포도청 사건과 관련해서 이미 몇 년 동안 마음속으로 걱정해 온 바가 있어 말씀드립니다. 이가환이라는 자는 글재주로 세상을 기만하며 사학을 앞장서서 주도해 유가儒家의 도와 다르게 치닫고 있는 바, 이는 용서하기 어려운 죄입니다. 조카를 시켜 요서妖書를 사 오게 해 사람들을 유혹해 남의 자식을 해치고 남의 제사까지 끊어 버린 것이 이루 헤아릴 수 없습니다. ……이가환은 주시관으로서 책문의 제목이 오행五行이었는데 정약전은 서양 사람의 설에 입각해 오행을 사행四行이라 하였습니다. 그가 바로 이가환의 제자입니다…….

다산 정약용 VS 심환지와 노론 벽파

이것은 정약전이 과거에 급제했을 때의 과제課題가 오행이었음을 말하는 것이었다. 정조는 정약전의 답안을 가져 오게 해서 자세히 검토한 후 말했다.

"상소한 자가 말한 부분을 살펴보니 의심스러운 곳은 없다. 정약전의 답안은 오행설에서 벗어난 것이 아니다."

이러한 사태가 모두 정약용을 목표로 하고 벌어진 것이라는 사실을 정조도 알고 있었다. 그리고 이것이 자신의 주변에 있는 남인들을 모두 끌어내리려는 의도라는 것도 알고 있었다.

정조는 이러한 와중에 정약용의 학문이 더 깊어진 것을 파악하고 그를 동부승지에 임명했다. 그러나 정약용은 아직 때가 아니라고 생각했다. 자신과 천주교에 대해 노론 벽파뿐 아니라 만천하에 진실을 밝힐 필요가 있다고 여겼다. 그래서 눈물로 작성한 것이 바로 동부승지를 사양하는 상소문 〈변방사동부승지소辨謗辭同副承旨疏〉이다. 정약용은 여기서 자신이 천주교를 믿게 된 경위와 배교하게 된 경위를 소상히 밝혔다.

엎드려 생각건대 신이 나라의 은혜를 입은 것이 하늘처럼 끝이 없으니⋯⋯ 돌아보건대 자신은 어린 시절에 서양 책을 읽었고 마음속으로 기뻐해 사모했으며 그 내용을 가지고 사람들에게 자랑한 적이 있었습니다. 그러나 그 책의 진수는 끝내 얻지 못하고 허망하고 괴란한 것을 깨달았으며⋯⋯ 신이 지금 조정에 얼굴을 내밀면 공경대부들이 손가락질하며 '저기 오는 저 사람이 사교에 빠졌던 이가 아닌가?'라고 말할 것입니다. 그러니 신이 무슨 면목으로 얼굴을 내밀 수가 있겠습니까.

…… 고관대작은 신이 바라는 바가 아니고 오직 이 한 가닥 목숨이 끊어지기 전에 천하에 일찍이 없었던 이 추악한 명목을 씻는 것이 바로 신의 지극히 간절한 소원입니다. ……지금으로서는 오로지 경전에 깊이 빠져 만년의 보담을 도모하고 영도에서 종적을 멀리해 자정하는 의리를 본받을 뿐이지 뻔뻔스런 얼굴로 머리를 치켜들고 승정원에 출입하는 것은 조정의 염치를 손상시키고 더욱 일세一世의 공의를 불러일으키는 것이니 신은 감히 나올 수 없습니다…….

이 상소는 누가 보더라도 정약용이 천주교를 버렸다는 확실한 고백이었지만 홍낙안洪樂安과 이기경李基慶 등은 오히려 이 상소가 그가 천주교 신자임을 입증하는 증거라며 호도했다. 노론 벽파는 '일찍이 마음속으로 기뻐 사모했다.'는 몇 발언만 따로 떼어 내 천주교 신자로 몰았다.

결국 정조는 그를 곡산谷山부사로 좌천시켰다. 비난을 잠재우고자 지방으로 보낸 것이다. 한두 해 기다리면 다시 불러 올리리라는 약속도 했다. 그는 이곳에서 백성들의 삶을 실제로 살펴보면서 선정을 베풀었다. 또 이곳에서의 경험은 《목민심서》를 집필하는 데 기초가 되었다. 그해 겨울에 정약용은 《마과회통痲科會通》 12권을 썼다.

그 후 병조참지로 중앙관직에 복귀한 그는 형조참의 자리까지 올랐다. 이 무렵 정조는 정약용을 크게 신뢰하고 있었다. 이제 그가 판서가 되고 재상이 되는 것은 시간 문제였다. 그러나 이때는 시파와 벽파의 대립이 가장 첨예화된 시기이기도 했다. 김종수金鍾秀가 물러나고 심환지가 벽파의 영수로 활동하는 가운데 노론의 중도파가 벽파에 합류하게 되었다. 이 시기의 정국은 친왕 세력과 반왕 세력으로 양분된 가운데 친왕 세력이 주도권을 확보하고 있었다. 벽파는 반왕적, 반개혁적 성향을 노골적으로 나타내며 정조와 대립했다. 비록 벽파의 영수 심환지가 정조의 권위에 굴복해 정조를 우 임금이나 순 임금과 같이 비유하기는 했지만 정조에 대한 벽파의 반감은 최고조에 달해 있었다. 그런 만큼 노론 벽파에게 정약용은 요주의 인물이었다. 그러나 〈변방사동부승지소〉까지 쓴 그에게 더 이상 찾아낼 흠집이 없었다. 벽파는 그의 형 정약전을 공격했다. 사간원 헌납 민명혁은 상소를 올려 얼마 전 체차된 약전의 동생인 그가 구차하게 벼슬살이를 하고 있다고 공격한 것이다.

치졸한 흠잡기에 분노한 정약용은 벼슬을 떠나기로 결심하고 상소를 올렸다.

신이 마땅히 벼슬에 나갈 생각을 말았어야 하는데 벼슬살이 한 지가 벌써 오래되었습니다. 남의 미움을 받는 것이 쌓이고 쌓여 이제는 위태하고 불안한 지경이 되었습니다. 조정에 선 지 11년 동안 두루 여러 직책을 거치는 사이 단 하루도 마음이 편한 적이 없었습니다.

……신의 처신은 뇌두고라도 신의 형은 무슨 죄가 있습니까. 그 죄는 오직 신과 같이 볼품없는 자의 형이 된 때문입니다. 신의 형은 벼슬한 지 10년이나 아무것도 이루어 놓은 것 없이 벌써 머리가 희끗합니다. 그 이름 석 자도 조정에 잘 알려지지 않았는데 무슨 증오가 맺혀 있기에 이다지도 야단이란 말입니까. ……삼가 바라건대 성명께서는 빨리 신의 직명을 깎도록 명하시고 영을 내려 사적에 실려 있는 신의 모든 이름을 아울러 없애 버리게 하소서.

아직 정약용이 필요했던 정조는 이를 허락하지 않았다. 그러나 그가 나아가지 않자 어쩔 수 없이 체직을 허락했다. 일종의 휴가였다.

그는 고향에서 모처럼 한가한 시간을 보냈다. 그러던 어느 날, 내각의 아전이 찾아와 정조의 전갈을 전했다.

"오래도록 너를 보지 못했다. 책을 편찬하고 싶어 주자소의 벽을 새로 발랐다. 아직 마르지 않아 깨끗하진 않으나 그믐께면 들어와 경연할 수 있을 것이다."

덧붙여 아전은 이렇게 전했다.

"전하께서 공을 매우 그리워하시는 것으로 보였습니다. 책 편찬도 아마 겉으로 하시는 말씀이고 실은 어찌 지내시는지, 언제쯤 돌아오실 생각이신지 안부를 묻고 싶어 하시는 듯했습니다."

그 말을 들은 정약용은 임금에 대한 그리움에 목이 메었다. 아무리 노론 벽파가 자신을 밀어내려 한다 하더라도 임금을 위해, 조선을 위해 일해야겠다는 생각으로 머릿속이 가득 찼다. 뜻 맞는 임금과 함께 성리학을 통해 조선의 개혁을 완성해야겠다는 마음이 물밀듯 밀려들었다. 돌아가리라.

그러나 정약용이 서울로 달려갔을 때는 이미 정조가 승하한 다음이었다.

어린 순조의 즉위와 정권 교체

열한 살의 어린 순조가 보위에 오르자 영조의 계비 정순왕후貞純王

다산 정약용 vs 심환지와 노론 벽파

后가 수렴청정을 했다. 정순왕후는 노론 벽파의 기둥으로, 노론 벽파의 거두 심환지를 영의정에, 이시수李時秀를 좌의정에, 서용보를 우의정에 임명했다. 그가 섭정하는 동안에는 자연스럽게 벽파가 득세하였다. 권력을 잡은 벽파는 천주교 신자들을 철저히 탄압했다. 이는 여러 가지 이유가 있겠지만 남인 계열 중에 천주교 신자가 많았던 탓이었다. 정순왕후는 천주교를 배척하기 위해 전국의 백성들에게 〈척사윤음斥邪綸音〉을 내리고 오가작통법五家作統法을 시행해 천주교도에 대한 체포령을 내렸다.

그러던 중 책롱사건冊籠事件이 터졌다. 정약용의 셋째 형 약종이 은밀하게 감추어 오던 천주교 관련 물건들이 발각된 것이다. 1800년(순조 1) 2월 8일, 정약전, 약용 형제와 함께 이가환, 이승훈, 홍락민, 권철신, 이기양, 오석충, 김건순, 김백순 등이 의금부에 투옥되었다. 반대파들은 기회를 잡은 듯 정약용의 형제들을 몰아붙였다. 삼형제 가운데 약종은 처형되고, 약전은 전라도 신지도(현재의 완도군 신지도)로, 약용은 경상도 장기(현재의 영일군)로 귀양을 갔다.

이에 더해 그해 10월에 황사영백서黃嗣永帛書 사건이 터졌다. 약현의 사위 황사영이 조선 교회에 대한 박해 사실을 적은 밀서를 북경에 있는 주교에게 전하려다 발각된 것이다. 벽파 강경론자들은 이를 기회로 남인 세력을 완전히 뿌리 뽑으려고 유배 중인 정약용 형제도 다시 압송했으나 혐의가 드러나지 않았다. 게다가 벽파인 정일환鄭日煥이 그를 두둔했다.

"정약용이 곡산을 다스릴 때 끼친 칭송이 아직도 그곳에 자자한데, 만약 사형으로 논한다면 훗날 반드시 옥사를 잘못 처리했다는 비방을 불러일으킬 것입니다."

결국 노론 벽파는 정약용을 죽이지 못했다. 곡산에서 베풀었던 선정이 그를 살린 셈이었다.

약전은 흑산도로, 그는 강진으로 귀양을 갔다. 하지만 이 사건으로 그와 가까웠던 이가환, 권신일, 이승훈 등 천주교 신자들은 처형되었다. 이것이 신유박해辛酉迫害이다.

정약용과 그 형제들, 그리고 남인들을 박해한 데 앞장선 이로는 심환지를 꼽을 수 있다. 그는 1783년(정조 7) 이조참판을 거쳐 병조, 형조판서를 역임했으며 일찍부터 남인의 채제공, 이가환, 이승훈 등을 이단으로 몰아 그들을 공격하는 데 앞장섰던 인물이다. 1789년(정조 13) 우의정에 임명되어 명실상부하게 벽파의 영수가 되었으나 역사적으로 그에 관해서는 그리 자료가 많이 남아 있지 않다. 이것은 그가 정조의 탕평정치를 파괴한 역적으로 낙인찍힌 인물이며, 당쟁을 일삼고 무고한 사람들을 죽인 인물로 인식되었기 때문이다. 그래서인지 정조와 정약용, 신유박해에 대한 논저는 쏟아지는 데 반해, 심환지에 대한 연구는 거의 전무한 상황이다.

실제《순조실록》에서는 1802년(순조 2) 10월 18일, '영의정 심환지가 졸卒했다.'는 기록 뒤에 그의 생애와 행적에 대해 다음과 같은 졸기卒記가 있다.

본관이 청송靑松으로 국구國舅(왕비의 아버지) 심강沈鋼의 후손이다. 젊어서 김귀주金龜柱와 더불어 매우 절친한 벗이 되어 홍국영洪國榮을 공격하는 논의를 극력 주도하다가 김귀주가 실패하자 심환지는 하급 관리로 계속 있었다. 그러다가 정조 시대 중엽이 되어서야 비로소 발탁되어 병조판서에 오르고 드디어 재상이 되어 한쪽 편의 영수領袖가 되어 세도世道의 책임을 맡은 사람으로 자임했다.

그러면서 《순조실록》은 심환지가 정조 사망 이후 정순왕후 수렴청정 시대 초기에는 영의정이 되어 나라 정치를 오롯이 했으나 "본래 아둔하고 재능이 없어 공적은 보잘 것 없었고, 오직 당동벌이黨同伐異(같은 무리는 끌어 주고 다른 무리는 배척함)만 일삼아 김관주金觀柱나 정일환鄭日煥과 같은 무리만을 관직에 진출시켰을 뿐이다."라고 덧붙였다.

그런데 이런 평가 말미에 "권위가 높았음에도 자못 검소하다는 말을 들었다."는 글귀가 있다. 이것이 역사 속에서 심환지에 대해 거의 유일하게 남아 있는 호의적인 평가이다.

1795년(정조 19), 김종수가 사실상 정계 일선에서 은퇴하자 심환지는 벽파의 최고 지도자가 되어 시파를 격렬하게 공격했다. 그리고 정조가 승하한 후에는 정순왕후와 연계해 정조가 이룩해 놓은 모든 업적을 파괴하고 과거로 돌아갔다. 개혁의 기반이었던 장용영을 혁파해 인조반정 이후 서인 주도로 창설한 오군영五軍營 체제로 되돌려 놓았다. 또한 정조가 키운 노론 시파와 남인 관료들을 모두 제거하고, 북학파를 탄압했다.

심환지는 개혁을 저지하고 보수를 지켜내는 역할을 하고, 노론벽파의 정치론을 강경하게 지키는 임무를 자임한 벽파의 영수였다.

유배생활

정약용은 강진에 도착한 후 성문 동쪽 시냇가 자갈밭의 성수봉이라는 하급 관리의 집에 거처를 정했다. 이곳에서 6년을 살았다. 그러나 두 번이나 국문을 받은 유배인을 반길 사람은 없었다. 마을 사람들은 종종 그가 머무는 집의 대문을 부수거나 담장을 헐어 버리기도 했다. 할 수 없이 그 집을 나온 그는 다행히 동문 밖 주막의 노파가 받아 주어 그곳으로 옮겨 골방에서 귀양살이를 시작했다. 다산은 당시의 심정을 이렇게 썼다.

> 흩날리는 눈처럼 북풍에 날리어
> 남으로 강진 땅 주막집에 밀려왔네.
> 작은 산이 바다를 가려 주어 다행이요.
> 빽빽한 대나무가 꽃처럼 아름다워라.
> 습하고 따스한 풍토는 겨울 옷 벗게 하고
> 수심 많으니 밤마다 술만 느는구나.
> 그나마 나그네 근심 풀어 주기는
> 설 전에 붉게 핀 동백꽃인가.

그가 강진에 온 지 1년쯤 되었을 때 그는 자신의 사십 평생에 대해 이렇게 썼다.

나를 잘못 간직하다가 나를 잃은 자이다. 어렸을 때 과거가 좋게 보여서 과

다산 정약용 VS 심환지와 노론 벽파

거 공부에 빠져든 것이 10년이었다. 마침내 처지가 바뀌어 조정에 나아가 검은 사모를 쓰고 비단 도포를 입고 미친 듯이 대낮에 큰길을 뛰어다녔는데 이와 같이 12년을 했다. 또 처지가 바뀌어 한강을 건너고 조령鳥嶺을 넘어 친척과 선영을 버리고 아득한 바닷가의 대나무 숲에 와서야 멈추게 되었다.

그는 자신이 묵고 있는 술집의 골방을 사의재四宜齋라 이름 붙이고 《주역》 공부를 시작했다. 7년간 매달린 끝에 《주역사전周易四箋》을 지었고 다시 10여 년간을 매달려 《역학서언易學緖言》 12권도 완성했다. 그는 왜 이토록 역학과 예학 연구에 열중했을까?

그는 처음에는 예서를 읽다가 주 나라의 예법은 《춘추》에서 근거를 찾을 수 있다는 것을 알고 《춘추좌씨전》을 읽기 시작했으며, 이를 통해 관점官占 방법을 연구하게 되었고, 그래도 의문이 풀리지 않자 모든 것을 덮어 두고 《주역》 연구에 몰두했다. 이런 점을 볼 때 여러 번 죽음 앞에 섰던 그가 삶과 죽음의 문제를 해결하는 데 열정을 다 바쳤음을 알 수 있다. 그는 《주역사전》을 펴내면서 이렇게 말했다.

"이것은 내가 하늘의 도움을 얻어 지어낸 책이요, 절대로 사람의 지혜나 생각으로 이룰 수 있는 바가 아니다."

한편으로 그는 강진의 서민 생활을 숱한 시로 낱낱이 고발했다. 붕괴된 국가기강과 도탄에 빠진 백성들을 보면서 울분을 토하기도 했다. 《탐진촌요耽津村謠》, 《탐진어가耽津漁歌》, 《탐진농가耽津農歌》 등의 작품을 보면 그렇다. 그는 촌민들의 애환을 그리는 데 한시漢詩만을 고집하지 않고 새로운 조선 시의 세계를 보여 주었다.

한밤중에 책상치고 벌떡 일어나 높은 하늘 우러러 길이길이 탄식하네.

생각하면 가슴속이 끓어오르니 술이나 들이키고 무심으로 돌아갈까.

어찌하면 일만 개의 대나무로 천 길이 되는 빗자루를 만들어 내어

쭉정이 티끌먼지 싹싹 쓸어 내어 바람에 한꺼번에 날려 버릴까.

깊이 생각하면 애간장만 타기에 부어라 다시 또 술이나 마시자.

《하일대주夏日對酒》중에서

다산의 세월

하지만 그가 적막한 강진 유배생활에서 울분만 키웠던 것은 아니었다. 그는 아들들의 교육에 크게 힘썼다. 방법은 편지였다. 독서하는 법, 술 마시는 법, 어머니에 대해 효도하는 것, 농사짓는 법 등 그의 소소한 잔소리는 편지를 통해 두 아들에게 전해졌다. 그의 간절함이 담긴 편지는 아버지 없이 크는 아들들에게 좋은 교훈이 되었다.

무릇 남자가 독서하고 행실을 닦으며 집안일을 다스릴 때에는 한결같이 거기에 전념해야 하는데 정신력이 없으면 아무 일도 되지 않는다. 정신력이 있어야만 근면하고 민첩함이 생기고, 지혜도 생겨서 업적을 세울 수가 있다. 참으로 마음을 견고하게 잘 세워 똑바로 앞을 향해 나아간다면 비록 태산이라도 옮길 수가 있다.

내가 몇 년 전부터 독서에 대해서 잘못 깨달았는데 헛되이 그냥 읽기만 하는 것은 하루에 천 번 백 번을 읽더라도 오히려 읽지 않은 것과 같다. 무릇 독

서하는 도중에 한 자라도 모르는 것이 나오면 모름지기 널리 고찰하고 세밀하게 연구해 그 근본 뿌리를 깨달아 글 전체를 이해할 수 있어야 한다. 날마다 이런 식으로 읽는다면 한 가지 책을 읽더라도 겸해 수백 가지 책을 엿보는 것이다. 이렇게 읽어야 책의 의리義理를 훤히 꿰뚫어 알 수 있으니 이 점을 꼭 명심해야 한다.

세월이 지나면서 그의 명성이 알려지자 인근의 학도들이 몰려들었다. 황상黃裳, 황취黃聚, 황지초黃之楚, 이청李晴 등이 그들이다. 그리해 1806년(순조 6)에는 제자 이청의 집으로, 이듬해에는 다산의 외증조부의 손자인 윤단의 귤동橘洞 산정山亭으로 옮겼는데 이곳이 오늘날의 다산초당茶山艸堂이다. 초당의 뒷산에는 차나무가 많았는데 그는 이때부터 호를 다산茶山이라 했다. 이곳에서 그는 《주역사전》, 《다산문답》, 《아방강역고》, 《경세유표》 40권(미완), 《목민심서》 48권, 《국조전례고》 등의 많은 책을 썼다.

그는 비록 귀양살이에 많은 고생을 했지만 연구할 시간을 많이 가질 수 있었고 분통이 터지는 마음을 다스리며 학문에 정진해, 대실학자로 이름을 남기게 되었다.

그러나 가족들의 애타는 마음은 세월이 지나도 줄어들지 않았다. 1810년(순조 10) 정약용의 큰아들 학연學淵이 바라를 두드리며 아버지의 억울함을 하소연했다. 형조판서 김계락이 이 사실을 아뢰자 순조는 석방을 명했다. 그러나 홍명주洪命周, 이기경 등이 불가하다고 상소하자 무산되고 말았다. 2년 후의 대사면에서도 정약용은 제외되었다.

그러다가 1816년(순조 16), 둘째 형 약전이 유배지에서 세상을 떠났다. 형을 잃은 그의 마음은 찢어질 듯 아팠지만 죄인의 몸으로는 장례식에조차 참여할 수가 없었다. 정약전은 그의 형이자 뜻을 같이하는 동지이기도 했다.

정약전이 세상을 뜨기 전 아들 학연은 그에게 편지를 보냈다. 판서로 있는 사촌 처남 필천 홍의호에게 편지를 보내 잘 봐 줄 것을 부탁하고, 대계臺啓를 올려 그가 귀양살이에서 풀려 나는 것을 막은 이기경과 강준흠姜浚欽에게도 동정을 구해 보라는 것이었다. 그러나 그는 이런 답장을 보냈다.

천하에는 두 개의 큰 기준이 있으니, 하나는 옳고 그름의 기준이고, 다른 하나는 이롭고 해로움의 기준이다. 이 두 가지 기준에서 네 단계의 큰 등급이 나오는데 옳은 것을 지키며 이익을 얻는 것이 가장 높은 등급이고, 그다음은 옳은 것을 지키면서 해를 입는 것이고, 그다음은 옳지 않은 것을 추종해 이익을 얻는 것이고, 가장 낮은 등급은 옳지 않은 것을 추종해 해를 입는 것이다.

내가 필천에게 편지를 써서 항복할 것을 빌고 강준흠이나 이기경에게 꼬리를 치며 동정을 애걸해 보라는 것은 세 번째 등급을 택하는 것이다. 그러나 이는 반드시 네 번째 등급으로 떨어질 것이니 내가 어찌 이런 일을 하겠느냐.

……이미 이렇게 되었으니 모든 것을 순수히 받아들일 뿐이다. 동정을 애걸한들 무슨 도움이 되겠느냐. ……내가 비록 수정하는 사람이 아니더라도 세 번째 등급이 될 수 없음을 알기 때문에 네 번째 등급이 되는 것을 면하려는 것뿐이다.

모든 개혁이 수포로 돌아가다

그렇다면 노론 벽파는 왜 그렇게 정약용을 제거하려고 했을까?

이것은 영조의 아들이었던 사도세자의 죽음과 관계가 있다. 사도세자는 보위에 오르지 못한 채 스물여덟 살의 나이로 아버지에게 죽임을 당했다. 그의 죽음에는 몇 가지 요인이 추측되고 있는데 그중한 가지가 영조가 경종을 독살한 것일지 모른다는 의심을 품었던 사도세자가 영조를 임금으로 밀어올린 노론 세력에 대해 노골적으로반발했다는 것이다. 영조는 보위에 오른 후 노론과 소론이 다투는 정쟁의 소용돌이에 휘말렸기에 바른 치세를 위해 탕평책을 실시했다. 그러나 영조를 등극시킨 데는 노론 세력의 힘이 있었기에 실제로 탕평은 이루어지지 않았다. 결국 사도세자는 영조와 더불어 정당성을얻으려는 파당과 그 파당 안의 반대 세력 간의 마찰로 인해 정치적인희생양이 된 것이다.

사도세자의 죽음은 노론 내부에 또 다른 갈등의 불씨를 남겼다. 세손, 즉 정조가 살아 있게 되면 사도세자의 죽음을 정당화하려는 사람들은 그 반대 세력에 의해 보복을 당할 수도 있기 때문이다. 이러한까닭에 노론은 벽파와 시파로 갈라지게 되었다.

벽파는 사도세자를 죽음으로 몰고 간 김상로, 심만, 홍계희, 윤급, 김한구, 김한록, 김귀주, 김관주 등으로 대표되며 시파는 끝까지 사도세자의 무사함을 빌었던 홍봉한, 유척기, 조재호, 한익모, 김상복등으로 구성된다. 여기에는 숙종 이후 관직에서 밀려나 외방에 나가있던 남인들도 가세했다.

그렇기에 벽파는 세자가 보위에 오르는 것을 어떻게 해서든 막으려 했으나 영조는 세자의 대리청정을 결정했다. 그리고 춘추 83세, 재위기간 52년이란 조선왕조 사상 가장 오랜 치세를 누린 군왕은 세상을 떴다. 그리고 세손이 보위에 올랐다. 그가 바로 정조이다.

어린 시절부터 붕당의 무서움을 몸으로 체험한 정조의 목표는 오직 한 가지, 붕당의 폐단을 물리치는 것이었다. 그는 자신의 아버지를 죽음으로 내몬 인물들을 하나씩 처단해 나갔다. 그러나 아무리 왕이라 하더라도 자신의 뜻대로 국정을 좌우하기에 벽파의 벽은 높고도 두꺼웠다. 이때 정조의 힘이 되어 준 것은 남인 세력, 그중에서도 채제공, 이가환, 정약용 등이었다. 정약용의 개혁의 의지와 실용적인 지식은 정조에게 큰 도움이 되었다. 정조 역시 정약용과 함께 조선의 개혁을 완성해 보고 싶었을 것이다.

점점 개혁에의 자신감을 얻게 된 정조는 1800년(정조 24), 편전에 모인 대신들 앞에서 사도세자는 억울하게 죽었으나 관련자들은 처벌하지 않을 것이며, 다음 번 재상은 남인의 강경파 중에서 나올 것이라는 것을 공표했다. 이는 세손 시절 정조에게 위해를 가했으며 등극 후에도 정조의 발목을 잡았던 노론 벽파에게는 사형선고나 다름없는 하교였다.

소식을 들은 정순왕후는 격노하고, 노론 벽파의 수장 격인 좌의정 심환지도 정조의 알현을 청했지만 전혀 받아들여지지 않았다. 조정은 긴장으로 요동치고 벽파는 살 길을 찾기에 분주한 가운데 아쉽게도 얼마 지나지 않아 정조가 갑작스럽게 세상을 떠나고 만다. 이러한 갑작스런 죽음이 정조의 독살설로 이어지기도 했다. 어쨌든 정조의 승하로 타오르던 조선의 개혁도 일순간 꺼지고 말았다.

영의정에 오른 심환지는 정조의 장례가 끝내면서 정조 24년의 치적 역시 같이 땅에 묻어 버렸다. 대표적인 것이 장용영의 혁파였다. 장용영은 정조의 정권을 유지, 강화하기 위한 무력 기반으로 설치된 기관이었는데 이것이 시파의 군사적 기반이 될 위험이 있었기 때문에 벽파정권의 안정을 위해 이를 무력화시킨 것이다.

깊어진 학문세계

정약용 역시 이를 알고 있었다. 정조의 승하로 조선의 개혁은 길을 잃었고, 자신 역시 이 세상에서의 쓰임새는 끝났다는 것을. 그는 더 이상 세상에 연연하지 않고 모든 것을 운명에 맡겼다. 그러던 1818년(순조 18), 사간원의 이태순李泰淳이 문제를 제기했다. 이미 4년 전에 석방이 결정된 정약용을 풀어 주지 않는 것은 불법이라는 것이었다.

그제야 남공철南公轍이 왕에게 아뢰어 햇수로 18년 만에 귀양에서 풀려나 고향으로 돌아왔다. 그의 나이 57세였다. 결과적으로 4년 정도는 덤으로 귀양살이를 한 셈인데, 이때 《경세유표》와 《목민심서》 등 그의 주요 저작물들이 나왔으니 그를 진정한 다산이게 한 세월이기도 하다.

그가 귀양이 풀린 것에 관해 한 가지 재미있는 일화가 전한다.

1818년(순조 18)에 김조순의 친척이자 그의 친구이기도 한 김이교金履喬가 강진에 유배되었다가 풀려나는 길에 다산초당에 들러 하룻

밤을 자고 갔다. 먼저 귀양이 풀려 한양으로 돌아가는 그에게 자신의 처지를 부탁이라도 할 법 하건만, 정약용은 아무런 부탁도 하지 않았다. 다만 부채에 시 한 수를 써 주었다. 한양으로 올라가 김조순金祖淳을 만난 김이교는 가을임에도 불구하고 부채를 꺼내 부쳤다. 그러자 김조순은 거기에 쓰인 정약용의 시를 보고 그가 아직 귀양 중임을 떠올렸다. 그는 서둘러 이를 임금에게 아뢰었고 그를 풀어 주게 된 것이라고 한다.

그가 살아 생전 쓴 책은 필사본인 《열수전서列水全書》에 경집 88책 250권, 문집 30책 87권, 잡찬 64책 166권 등 총 182책 503권이었다. 그는 유배에서 풀려나와 고향으로 돌아온 후에도 《흠흠신서欽欽新書》, 《아언각비雅言覺非》, 《사대고례산보事大考例刪補》 등을 펴냈고 학문은 더욱 깊어졌다.

조정에서는 1823년(순조 23)에 그를 승지 후보로 낙점했으나 곧 취소되었고, 효명세자가 대리청정할 때 그를 등용하려 했으나 윤극배 등이 심하게 비난해 무산되기도 했다. 노론의 외척 세도정치 아래 그가 발을 붙일 곳은 없었다.

결국 그는 1836년(헌종 2) 2월에 75세를 일기로 고향집에서 세상을 떴다. 그날은 정약용이 결혼한 지 60년이 되는 회혼일이었다. 그즈음 그는 병중이었는데 이 날 만큼은 환후가 나아졌다. 회혼을 축하하기 위해 친족들이 몰려들었다. 그러나 잔치가 막 시작될 무렵 그는 세상을 떴다. 그러자 큰 바람이 불고 하늘이 어두컴컴해졌으며 흙비가 내렸다.

그가 세상을 뜬 후 1882년(고종 19)에 《여유당전서與猶堂全書》가 필사되어 내각에 비치되었다. 그리고 정헌대부 규장각 제학提學으로 추증되고, 문도文度라는 시호를 받았다. 최근 다산의 고택이 복원되었고 '문도사文度祠'라는 사당이 세워져 그의 제사를 지내고 있다.

60년 세도정치의 시작

정약용은 윤휴, 유형원, 허목, 이익, 권철신, 이벽 등에게 영향을 받아 실세 남인학자로서 무너져 가는 조선왕조의 난맥상을 지적하고 이를 개혁하고자 한 인물이다. 그러나 당쟁의 희생양이 되어 18년간 유배생활을 했다.

그의 개혁사상은 '낡은 나라를 새롭게 하자.'라는 일관된 목표를 토대로 구축되었다. 백성들의 곤궁한 생활을 개선하고 독선적인 주자학 사상을 개혁해 나라를 구제하고 민생을 구하고자 한 것이다. 국가의 난맥상을 솔직하게 고발하고 이에 대한 대안을 모색해 보고자 우선 당시의 지배이념인 주자학의 틀을 공격해 새로운 세계로 나갈 꿈을 키웠던 것이다. 그는 이에 대한 이론적 바탕을 얻고자 천주교 교리에 심취하기도 했다. 그러나 천주교 교리를 가지고 직접 주자학을 공격하면 사문난적으로 몰릴 가능성이 높았기에 고대 유교인 공자 시대의 수사학洙泗學으로 돌아가 수기修己와 치인治人의 논리를 개발해 그것으로 주자학, 성리학을 이론적으로 비판하고 새로운 국가체제를 구상했다.

유배기에는 《주역》, 《예기》, 《춘추》 등 고대 유교의 서적들을 깊이 연구해 이를 재해석하는 데 심혈을 기울였다. 그는 자신이 살아서가 어렵다면 죽어서라도 뜻을 펼치고자 자신의 책이 남인이 우세한 영남지방에 전달되기를 바랐고, 그의 친족들이나 제자들에게 이런 자신의 뜻을 밝히기도 했다.

정조의 탕평책을 지지한 세력은 남인의 대표적인 인물 채제공을 따르는 사람들과 시파 계열에 속한 사람들이었다. 그들은 임금의 신임은 크게 받고 있었어도 파당을 이끌어 갈 정치적 힘이 없었기에 정조가 승하한 이후의 조정을 지탱할 수가 없었다. 반대로 정조와 날을 세우다가 아슬아슬하게 위기를 넘긴 노론 벽파들은 정순왕후의 세를 업고 정조 사후의 조정을 장악함에 따라, 탕평정치는 일시에 와해되고 말았다.

하지만 이렇게 기세등등했던 노론 벽파도 1802년(순조 2) 심환지가 사망하고, 1805년(순조 5)에 정순왕후까지 타계하자 권력의 외곽으로 밀려났다. 김조순金祖淳 등이 다시 정권을 잡고 벽파를 완전히 축출해 버렸기 때문이다. 심환지 역시 그가 죽고 난 후 많은 무고한 이들의 목숨을 빼앗았다는 이유로 1806년(순조 6) 삭탈관직되었다. 이후 시파와 벽파의 대립은 마무리되고, 김조순을 비롯한 안동 김씨의 60여 년 간의 세도정치가 시작되었다.

부록편

붕당 계보도

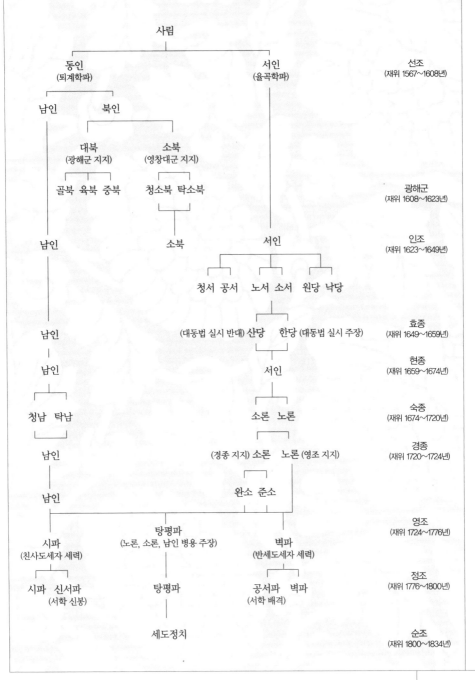

사림	
동인 (퇴계학파) / **서인** (율곡학파)	선조 (재위 1567~1608년)
남인 / **북인**	
대북 (광해군 지지) / **소북** (영창대군 지지)	
골북 육북 중북 / 청소북 탁소북	광해군 (재위 1608~1623년)
남인 / 소북 / **서인**	인조 (재위 1623~1649년)
청서 공서 노서 소서 원당 낙당	
(대동법 실시 반대) 산당 한당 (대동법 실시 주장)	효종 (재위 1649~1659년)
남인 / **서인**	현종 (재위 1659~1674년)
남인 / 소론 노론	숙종 (재위 1674~1720년)
청남 탁남 / (경종 지지) 소론 노론 (영조 지지)	경종 (재위 1720~1724년)
남인 / 완소 준소	
남인	
시파 (친사도세자 세력) / 탕평파 (노론, 소론, 남인 병용 주장) / 벽파 (반세도세자 세력)	영조 (재위 1724~1776년)
시파 신서파 (서학 신봉) / 탕평파 / 공서파 벽파 (서학 배격)	정조 (재위 1776~1800년)
세도정치	순조 (재위 1800~1834년)

조선경국전 朝鮮經國典

조선왕조의 헌법이라 할 수 있는 책으로 개국 초인 1394년(태조 3)에 정도전이 지어 태조에게 바친 사찬 법전이다. 상하 2권으로 이루어져 있고 《경제육전》, 《경국대전》 등 여러 법전의 효시嚆矢가 되었다.

구성을 살펴보면, 서론에서는 정보위正寶位, 국호國號, 정국본定國本, 세계世系, 교서敎書 등으로 나누어 국가 형성의 기본을 서술하였다. 여기에서는 인仁으로 왕위를 지켜나갈 것, 국호를 조선으로 정한 것은 기자조선의 계승이라는 것, 왕위계승은 장자나 현자賢者로 해야 한다는 것, 교서는 문신에 의한 높은 수준으로 작성되어야 한다는 것 등이 제시되어 있다.

본론은 치전治典, 부전賦典, 예전禮典, 정전政典, 헌전憲典, 공전工典 등 6전으로 구성되는데 각각의 소관업무가 서술되어 있다.

치전은 이전吏典으로 군신의 직능과 관리 선발 방법을 항목별로 제시하고 있으며 특히 재상의 역할을 강조하고 있다. 부전은 호전戶典인데, 국가의 수입과 지출이 유기적으로 연관되어야 하고, 국가 수입을 늘리기 위해 군현제도를 실시하며, 호적제도를 정비하고 농상農桑을 장려해야 한다고 쓰여 있다. 국가의 지출로는 상공上供, 국용國用, 군자軍資, 의창, 혜민전약국 등을 들었으며, 되도록 지출을 억제하고 예비 경비를 많이 비축해야 한다고 말하고 있다. 예전禮典은 항목이 가장 많다. 외교와 학교를 비롯하여 조회, 종묘, 사직 등과 문묘, 제사, 음악, 역曆, 경연經筵, 관례, 상제, 가묘 등 예제 관련 조문이다. 정전政典은 병전으로 군제, 군기, 상벌, 숙위宿衛, 둔수屯戍, 공역, 마정, 둔전, 역전 등으로 구성되어 있다. 형전에 해당하는 헌전憲典에서는 〈대명률大明律〉을 사용할 것을 강조하고 형벌과 법은 도덕정치를 구현하는 예방 수단으로써 이용되어야 하며, 민생 안정이 교화의 근본임을 강조하고 있다. 공전은 궁원, 창고, 병기, 성곽, 노부鹵簿 등과 공장工匠 제도에 관한 글인데, 각종 공사에 있어 사치를 금지하여 재정이 낭비되는 것을 경계해야 한다는 것, 백성을 지나치게 소모하여 피로하지 않게 해야 한다는 것 등이 강조되었다. 마지막 부분에는 정총鄭摠이 쓴 후서가 있다.

삼봉집三峯集

정도전의 시문집. 조선 왕조의 건국이념이기도 한 정도전의 정치, 철학 사상이 망라된 책이다. 1379년(태조 6)에 아들 정진鄭津에 의해 2권으로 초간되었으나 전하지 않는다. 이후 증손자 문형文炯이 경상도 관찰사로 있을 때 《경제문감》, 《조선경국전》, 《불씨잡변》 등을 더하여 1464년에 증간되었다. 서문은 신숙주가 썼다. 1467년 문형은 강원도관찰사로 있으면서 여기에 〈경제문감별집〉 등을 추가했으며, 1791년(정조 15)에 정조의 명에 의해 규장각에서 다시 편집하고 교정을 보아 대구에서 간행했다. 모두 14권 7책이다. 정조가 간행한 《삼봉집》 목판은 경기도 유형문화재 제132호로 지정되어 있다.

제1, 2권은 시詩, 부賦, 악장樂章 등이 수록되어 있고, 제3, 4권은 소疏, 서序, 기記, 설 說 등 문文이 수록되어 있다. 제5, 6권에는 중앙집권체제를 강조한 《경제문감 經濟文鑑》이, 제7, 8권에는 조선의 기본 법전인 《경국대전經國大典》의 모체가 된 《조선경국전》이 수록되어 있다. 제9, 10권에는 《불씨잡변佛氏雜辨》, 《심기리현心氣理顯》, 《심문천답心問天答》등 그의 철학 사상을 담은 저술이 실려 있고, 제11, 12권에는 고려역대왕의 치적을 실은 《경제문감별집》이 수록되었다. 제13, 14권에는 《진법陳法》, 《습유拾遺》 등의 저술과 평론집인 《제현서술諸賢敍述》 등이 실려 있다.

경제문감經濟文鑑

　　1395년(태조 4) 정도전이 지은 조선왕조의 정치 조직에 대한 초안으로 상하 2권 1책으로 이루어져 있다. 권근權近이 주해를 붙이고 정총鄭摠이 서문을 썼다. 상 권에서는 재상宰相 제도의 역사적 변천 과정을 특히 중국 한, 당나라 때의 예를 들어 서술하고 재상의 직책 등에 관해 기술하였다. 하 권에서는 대간, 위병, 감사, 수령의 직책에 관해 논하였다. 정도전은 이 책을 통해 조선시대의 정치체제는 감사와 수령의 통할권을 재상이 장악하는 재상 중심의 중앙집권체제가 이루어져야 한다고 주장했다.

　　《조선경국전朝鮮經國典》,《경국육전經國六典》등과 함께《삼봉집三峯集》에 수록되어 있으며, 1397년 군주의 직책과 변천 과정에 대해 논한《경제문감별집》을 참고하면 이 책의 내용을 이해하는 데 도움이 된다.

동국사략東國史略

조선 전기 전 시대의 역사를 정리하고 통치이념을 정립하는 과정에서 나온 관찬 사서로, 1402년(태종 2) 권근, 하륜, 이첨 등이 왕명을 받아 이듬해 완성하였다. 성리학적 기준에 의한 편년체 형식이며, 사건의 경중에 따라 기록 형식을 달리하는 강목체綱目體를 따르고, 50여 편의 사론史論을 붙여 역사 사실에 직접적으로 평가하였다.

단군조선부터 삼국시대까지의 내용을 담고 있으며, 조선 후기는 물론 고종 대까지 여러 방식으로 재간행되었다. 단군조선, 기자조선, 위만조선, 한사군, 이부二府, 삼한三韓, 삼국의 순으로 구성하여 《삼국유사》를 이어받은 고대사 체계를 세웠지만, 삼한까지는 '외기外紀'로 간략히 처리하고 삼국을 중심으로 서술하였기 때문에 《삼국사략》이라고도 한다.

고대사의 주류를 기자, 마한을 통하여 신라로 이어지는 것으로 체계화하였다. 전체적으로 사대적, 윤리강상적 명분론을 강하게 드러내고 있는데, 중국의 간섭을 피해 안정된 사회 질서를 수립해야 할 건국 초기의 정치 상황이 깔려 있기 때문인 것으로 보인다. 하지만 이 책의 신라 중심적 서술은 많은 비판을 받게 되어 이후의 《동국통감》 등에서 삼국을 대등하게 서술하는 방식으로 극복되었다.

조선왕조실록朝鮮王朝實錄

조선 태조에서 철종까지 25대 472년간의 역사적 사실을 각 왕별로 기록한 편년체 사서編年體史書. 조선시대의 정치, 경제, 사회, 문화 등 다방면에 걸친 역사적 사실을 망라하여 수록하고 있는 세계적으로 귀중한 문화유산임은 물론, 조선시대를 이해하는 데 있어 가장 기본적인 사료이다. 1973년 국보 제151호로 지정되었고, 1997년 10월에 유네스코 세계기록유산으로 지정되었다.

1413년(태종 13)에 《태조실록》이 처음 편찬되고, 25대 《철종실록》은 1865년(고종 2)에 완성되었다. 이들 중에는 《연산군일기燕山君日記》나 《광해군일기光海君日記》와 같이 '일기'라고 한 것도 있지만, 그 체제나 성격은 다른 실록들과 같다. 대부분 왕대마다 1종의 실록을 편찬하였지만 《선조실록》, 《현종실록》, 《경종실록》은 후에 수정하거나 개수改修 실록을 편찬하기도 하였다.

《실록》의 편찬은 대개 전왕이 죽은 후 다음 왕의 즉위 초기에 이루어지는데, 춘추관 내에 임시로 설치된 실록청 또는 찬수청, 일기청에서 담당하였다. 실록청의 총재관은 재상이 맡았으며, 대제학 등 문필이 뛰어난 인물이 도청 및 각방당상各房堂上으로 임명되었다. 기본 자료는 시정기時政記와 사관史官이 개인적으로 작성한 사초史草, 각사 등록謄錄, 《승정원일기承政院日記》 등이며 문집, 일기, 야사류 등도 이용되었다. 후기에는 《비변사등록備邊司謄錄》과 《일성록》도 사용되었다.

《조선왕조실록》은 왕실 중심의 서술방식과 명분론적 시각, 당론黨論에 의한 곡필曲筆의 문제 등이 한계로 지적된다.

정암집靜庵集

　조광조의 시문집. 이기주 등이 유문遺文과 사적事蹟을 수집해, 5대손 위수渭叟에게 준 것을 선조의 명으로 김굉필金宏弼, 이언적李彦迪, 정여창鄭汝昌 등의 문집과 함께《유선록儒先錄》에 찬록纂錄되었다. 그 후 1683년(숙종 9) 박세채 등이 원집原集 4편에 부록을 추가해 5편으로 편찬하고 송시열이 간행하였다. 이때 간행한 판본은 대구에 보관된 영본嶺本과 능주綾州의 죽수서원에 보관된 호본湖本이 전해지고 있다. 그 후 죽수서원본을 저본底本으로 양회연이 민정식의 후원을 얻어 1892년(고종 29)에 간행한 것이 이 책이다.

　첫머리에는 숙종이 내린 어제시御製詩가 실려 있고, 송시열, 구본서 및 송병선이 쓴 중간서重刊序가 있으며 박세채의 발문과 정범조의 중간 발문이 수록되어 있다.

성학십도聖學十圖

　1568년(선조 1) 이황이 성학聖學의 개요를 그림으로 설명한 책. 경연에 입시하였을 때 선조가 성군이 되기를 바라면서 성학의 대강을 강의하고 심법心法의 요점을 설명한 책이다. '성학'이란 성인이 되기 위한 학문을 말한다.《퇴계문집》중 내집內集 제7권 차箚에 수록되어 있다.

　태극도太極圖, 서명도西銘圖, 소학도小學圖, 대학도大學圖, 백록동규도白鹿洞規圖, 심통성정도心統性情圖, 인설도仁說圖, 심학도心學圖, 경재잠도敬齋箴圖, 숙흥야매잠도夙興夜寐箴圖의 10가지의 도를 그림으로 설명해 십도라 한다. 1681년(숙종 7) 오도일吳道一이 간행하였으며, 1741년(영조 17) 중간되었다.

　본 책은 통설, 수기, 정가, 위정, 성현도통의 5편으로 이루어졌으며, 각각의 편은 여러 장으로 구성되어 있다. 책의 순서는《대학》의 편제를 따르며, 율곡은 서문에서 "《대학》의 취지를 모방하여 차례를 나누고, 성현의 말을 정밀하게 선택하여 그 내용을 채우고, 목차를 자세히 밝혀 말은 간략하되 이치를 극진하게 했으니, 요점을 얻는 방법이 바로 여기에 있을 것입니다."라고 밝히고 있다. 즉,《대학》의 수신, 제가, 치국, 평천하와 연관된 경전과 성현의 말씀을 정리하고 자신의 설명을 부연한 것이다. 이 책의 구성 가운데 통설은 서론에 해당하고, 성현도통은 결론에 해당한다. 그리고 수기와 정가, 위정은 본론에 해당된다고 할 수 있다.

주자서절요朱子書簡要

《주자대전朱子大全》 중에서 서간문을 뽑아 이황이 편집한 책이다. 《주자서절요》는 여러 차례 간행되어 여러 판본이 존재한다. 이 책은 주희의 사상을 총 정리한 것으로 우리나라 성리학 발달의 근간이 되었다.

이황은 1543년(중종 38) 중종의 명으로 《주자대전朱子大全》을 간행하면서 이 책을 처음 접하게 되었다. 《주자대전》은 주희의 시문을 포함한 사상을 수록한 것으로 95책에 달하는 방대한 양이고, 그 가운데 주희가 당시 학자, 공경대부, 문인 등 각계의 인사들과 사회, 정치, 경제, 학문 등 의견을 주고받은 서간문도 48권이 포함되어 있었다. 서간문은 단편적이기는 하지만 주희의 학문과 사상이 함축되어 있는 것이기 때문에 이황은 주희의 서간문을 연구하기 시작했고 그 결과 "학문을 하는 데에는 반드시 발단흥기지처發端興起之處가 있는 것인데, 그것은 문인門人과 지구知舊들 간에 왕복한 서찰로부터 시작해야 한다."고 하였다. 그리하여 《주자대전》 가운데 1,700여 편의 서찰 중 1,008편을 뽑아 20권으로 만든 책이 《주자서절요》이다. 권두에 이황의 서문이, 권말에 황준량과 기대승의 발문이 있다.

율곡전서栗谷全書

조선 중기의 학자 율곡 이이의 시집과 문집으로 이루어진 책. 문집은 율곡의 문하생인 박여룡 등이 우계 성혼과 상의하여 편집하였고, 시집은 수암 박지화가 엮어 1611년(광해군 3) 해주에서 간행하였다. 그 후 1682년(숙종 8) 현석 박세채가 속집, 외집, 별집 등을 편집, 간행하였고, 1742년(영조 18) 도암 이재가 율곡의 5대손 진오鎭五와 협의하여 시집, 문집, 속집, 외집, 별집 등을 합본하고 여기에 〈성학집요聖學輯要〉, 〈격몽요결擊蒙要訣〉 및 부록을 보편補編, 《율곡전서》로 개제하여 1749년(영조 25) 간행하였다. 1814년(순조 14) 습유 6권과 부록 속편을 보충하여 해주에서 중간하였다.

이 책은 실로 해동공자라고 일컬어지는 율곡의 심오한 사상과 철학, 그리고 뛰어난 예지와 경륜을 엿볼 수 있는 거벽巨擘의 저서이며, 조선 중기의 정치, 사상, 사회제도와 유학을 알 수 있게 해 주는 사료이다.

동호문답東湖問答

이이가 왕도정치의 이상을 문답형식으로 서술하여 선조에게 올린 글. 이이가 34세 되던 해 홍문관 교리로 동호독서당東湖讀書堂에서 사가독서하면서 지은 글이다. 이 글은 왕도정치의 이상을 11편으로 나누어 논하고 있다.

제1편 〈논군도〉에서는 역사 속의 사례를 들어 임금이 어떻게 통치해야 하는가를 논하고, 제2편 〈논군도〉에서는 신하로서 나아감과 물러남의 도를 설명한다. 제3편 〈논군신상득지난〉에서는 현군賢君이 현상賢相을 만나기가 어려웠던 역사적 사례를 열거하면서 도학을 존숭할 것을 주장한다. 제4편 〈논동방도학불행〉에서는 우리나라에서 과거에 도학이 행해지지 못했던 예를 서술하고, 제5편 〈논아조고도불복〉에서는 당시까지 우리나라에 고도古道가 행해지지 못했음을 논하였다. 제6편 〈논당금지세〉에서는 당시 우리나라의 형세에 대해 논하고 삼대三代의 지치至治를 실현할 수 있는 방법을 논술하였다. 제7편 〈논무실위수기요〉에서는 무실務實하여 모든 폐해를 혁신할 것을 논하고, 제8편 〈논변간위용현지요〉에서는 간신과 충신을 가리어 등용할 것을 역설한다.

제9편 〈논안민지술〉에서는 이족절린一族切隣, 진상번중進上煩重, 공물방납貢物防納, 역사불균役事不均, 이서주구吏胥誅求 등 모두 민생과 관계되는 당시 우리나라의 폐법 다섯 가지를 지적하며 부국과 안민의 방법을 논하였다. 제10편 〈논교인지술〉에서는 이미 경제적으로 부유하고 평화롭게 된 후에 윤리, 도덕을 교육시킬 것을 강조하면서 그 방법을 논하고, 제11편 〈논정명위치도지본〉에서는 안민安民을 위해 정명正名을

나라를 다스리는 근본으로 함을 주장하였다.

16세기의 시대상과 노출된 문제점을 해결하고 왕도지치王道之治를 구현하기 위해 당대의 대학자이며 정치가인 이이李珥의 시각을 알 수 있다.

성학집요 聖學輯要

이이가 1575년(선조 8) 제왕의 학문 내용을 정리해 바친 책. 8편으로 구성되었으며 《율곡전서》에 실려 있다. 16세기에 사회와 정부를 주도하게 된 사림파는 개인의 수양과 학문이 사회 운영의 바탕이 되어야 한다는 신유학의 이념을 매우 강조했으며, 최고 권력자인 군주의 수양과 학문에 대해서 더욱 많은 노력을 기울였다. 일반인 교육을 위한 《격몽요결 擊蒙要訣》과 함께 16세기 후반 사림파의 학문적, 정치적 지도자였던 이이의 교육에 대한 대표적인 책이다.

크게 수양에 대한 내용을 다룬 수기편과 가문을 세우는 법에 대한 정가편, 올바른 정치를 논한 위정편, 학문과 위정을 논한 성현도통으로 나뉜다. 기본 구도는 《대학》을 따랐으며 수기편은 《대학》의 수신修身에, 정가편은 제가齊家에, 위정편은 치국평천하治國平天下에 해당한다. 성현도통은 《대학》의 이념이 구현되어 온 맥락을 설명하였다.

이후 경연의 교재로 실제 국왕의 학문에 많이 이용되었지만, 일반 사족士族들의 학문에도 큰 영향을 미쳤다. 홍대용洪大用이 국가를 운영하는 방법으로 유형원의 《반계수록磻溪隨錄》과 함께 이 책을 꼽는 등 개혁의 방향을 탐색하는 데 오랫동안 중요한 지침서로 여겨졌다.

격몽요결擊蒙要訣

1577년(선조 10) 이이가 학문을 시작하는 이들을 교육하기 위해 편찬한 책이다. 그는 해주에서 학도들을 가르친 경험을 바탕으로 기초교육에 대해 정리했는데 국왕의 학문을 위해 저술한 《성학집요聖學輯要》, 관학官學 교육을 위해 저술한 《학교모범學校模範》에 대응하는 책이다. '격몽'이란 몽매한 이들을 깨우친다는 것으로 교육을 일컬으며, '요결'은 그 일의 중요한 비결을 의미한다. 보물 제602호로 지정되어 있다.

훈구파가 지치에 필요한 문물과 제도에 관심을 가지고 있었던 데 비해, 16세기 이후의 사림들은 종래의 학문이 시가와 문장詞章을 중시하고 근본이 되는 경학經學과 이학理學을 소홀히 하여 학자들이 학문의 방향을 알지 못했다고 비판하면서 먼저 자신을 수양修己하여야 한다는 측면을 강조하였다. 중종 대의 사림들은 어린이에게 일상생활을 가르치기 위한 《소학》에 성리학의 요체가 모두 갖추어져 있다고 하면서 그 책을 널리 보급하고 깊이 연구했는데, 이는 학문의 방법과 내용을 일신하여 그들 중심의 새로운 사회질서를 수립하기 위해서였다. 따라서 《소학》 외에도 《동몽수지童蒙須知》를 비롯한 여러 아동 교육서가 번역되고 널리 보급되었고, 박세무의 《동몽선습》이나 유희춘의 《속몽구續蒙求》 같은 교육서들이 편찬되기도 했다.

징비록懲毖錄

조선 선조 때 영의정을 지낸 서애 유성룡이 쓴 임진왜란 야사. 1592년 (선조 25)부터 1598년까지 7년에 걸친 임진왜란의 원인과 전황 등을 기록한 책으로 전란이 끝난 후 저자가 벼슬에서 물러나 한가로울 때 저술한 것이다. '징비'란《시경詩經》의 소비편小毖篇의 "미리 징계하여 후환을 경계한다予其懲而毖後患."는 구절에서 딴 것이다.

이 책의 체제와 내용을 보면, 권1~2는 제목이 없고, 권3~5는《근포집芹曝集》, 권6~14는《진사록辰巳錄》, 권15~16은《군문등록軍門謄錄》,《난후잡록亂後雜錄》등으로 되어 있다. 임진왜란 이전에 일본과의 관계, 명나라의 구원병 파견 및 제해권의 장악에 대한 전황 등이 가장 정확하게 기록되어 있어 중요한 사료임과 동시에 저자의 빼어난 문장을 감상할 수 있다.《군문등록》중의 〈잡록〉은 당시의 정세를 부기한 것으로 일종의 군담소설류라 할 수 있다.

초간은 유성룡의 아들 진珍이 1633년(인조 11)《서애집西厓集》을 낼 때 함께 수록하였고, 10년 후에 다시 독립된 16권의《징비록》을 간행하였다. 1695년(숙종 21) 일본 교토 야마토야에서 중간하였으나, 숙종이《징비록》의 일본 수출을 엄금했다는 기록도 있다.《난중일기》와 함께 높이 평가받고 있는 책이다.

남사록南槎錄

조선 중기의 문신 김상헌의 제주 기행문. 일기체 형태로 서술되었고, 김상헌이 1601년(선조 34)에 안무어사로 제주에 파견되어 기록한 것으로 1669년경에 간행되었다. 당시 제주도의 전체적인 사회상을 밝히는 자료로 1653년(효종 4)에 쓰여진 《탐라지》보다 50여 년이 앞선 전반적인 제주도의 기록이라는 점에서 사료적 가치가 매우 높다.

내용은 1601년(선조 34) 7월에 제주에서 발생한 길운절, 소덕유 역모 사건으로 인한 불안한 민심을 진정시키기 위하여 제주안무어사로 파견된 김상헌이 제주목사 성윤문의 보고를 받는 것으로 시작된다.

《남사록》에는 조정을 출발하여 제주에 이르기까지의 노정이 자세히 언급되어 있고 《지지地誌》, 《남명소승南溟小乘》, 《제주풍토록濟州風土錄》, 《표해록漂海錄》 등의 자료를 인용하여 건치 연혁, 풍속, 기후, 방언, 농경, 진상, 토산, 염전, 관풍안명환 등 제주도의 전반적인 내용에 대하여 자세히 설명하고 있다. 그리고 기記, 서序, 제문과 함께 조정을 출발해서 일정을 마치고 왕에게 복명하는 동안에 지은 80여 수의 시도 수록되어 있다.

특히 내용을 단순히 기술하는 데 그치는 것이 아니라, 많은 문헌 자료를 참고하면서 자신의 견해도 피력하고 있어 객관성을 담보함과 동시에, 풍성한 자작 한시들이 수록되어 있어 문학적으로도 매우 가치가 높다.

송자대전宋子大全

송시열의 문집. 책명을《송자대전》이라 한 것은 송시열을 공자, 주자에 버금가는 성인으로 존칭하여 송자라 한 데서 비롯한 것이다. 또 서명을 '문집'이 아니라 '대전'이라 한 것도 이례적인데 당시 송시열의 문인門人들이 주축이 된 노론이 정계, 학계의 주도적 위치에 있으면서 송시열을 상징적인 존재로 부각시켰기 때문이다. 1717년(숙종 43) 왕명에 따라 운각활자본芸閣活字本으로 간행된《우암집尤庵集》과《경례문답經禮問答》, 부록, 연보 등을 합하여 1787년에 간행하였다. 215권 102책이다.

소疏, 차箚, 서書, 명銘, 축문, 제문, 신도비명神道碑銘, 묘갈명墓碣銘 등으로 구성되었는데, 이들 자료에는 북벌과 대명의리론을 주장한 저자의 정치적, 사상적 위치가 잘 나타나 있으며, 이 외에 당대의 정치가, 학자들과 교류한 서찰 수천 통이 수록되어 있어 노론과 소론의 대립과정을 살펴볼 수 있다. 또한 잡저에는 예학과 성리철학에 대한 견해가 수록되어 있어 이이에서 김장생으로 이어지는 학통을 계승한 저자의 학문관이 나타나 있다. 당대의 명망가들의 행장과 묘갈명, 시장諡狀 등이 망라되어 있어서 저자의 정치적, 학문적 비중을 잘 드러내 주고 있다.

《삼학사전三學士傳》,《임경업장군전》등 이 책에 전반적으로 나타나는 의리명분론은 당시 집권층을 형성하고 있던 문인들에게 영향을 주었고 조선 사회 내의 학문적 역량을 심화시켰다. 또한 위정척사 사상과 구한말의 의병운동의 사상적 연원이 된 긍정적인 측면이 있는 반면에, 18세기 이후 조선 사회를 보수적인 방향으로 흐르게 한 주요한 축이 되었음도 부인할 수 없다.

여유당전서 與猶堂全書

　조선 후기의 문신이자 실학자인 다산 정약용의 저술을 정리한 문집. 정약용의 대표적인 저술 《목민심서牧民心書》, 《경세유표經世遺表》, 《흠흠신서欽欽新書》 등 이른바 1표 2서一表二書에서 시문에 이르기까지 방대한 저술을 총망라한 문집이다. 외현손 김성진이 편집하고 정인보, 안재홍이 교열에 참가하여 1934~1938년에 신조선사新朝鮮社에서 간행하였다.

　전서의 체제는 내용에 따라 7집으로 분류되는데, 그중 특히 제1집 권 10의 설說은 과학 이론들로 광학기구를 이용해 원근법과 입체감을 나타내는 서양의 회화기법에 대해 기술한 칠실관화도설漆室觀畫圖說, 땅이 둥글다는 것을 설명한 지구도설地毬圖說, 화성 축조 시 성의 축조방식에 대해 건의한 성설城說과 기중도설起重圖說, 의학에서 본초本草의 중요성을 강조한 의설醫說 등을 통해 정약용의 실학자다운 면모를 잘 살펴볼 수 있다.

　제5집 정법집政法集에는 《경세유표》, 《목민심서》, 《흠흠신서》가 포함되어 있고, 제6집은 지리집地理集으로 그중 《강역고彊域考》는 1811년에 저술한 우리나라에 관한 역사 지리서이다. 제7집은 의학집醫學集으로 1798년에 저술한 마진(홍역) 치료에 대한 저술인 《마과회통痲科會通》이 실려 있다.

목민심서牧民心書

　정약용이 지방관들의 치적을 예로 들어 백성을 다스리는 도리를 논한 책. 정약용이 전라남도 강진康津에서 유배생활을 하는 동안 쓴 것으로 유배가 끝나는 해인 1818년 완성되었다. 그는 지방관 및 경기도 암행어사를 지내면서 지방행정의 문란과 부패로 인한 민생의 궁핍상을 절실히 체험한 탓에 이 책을 통해 지방관이 지켜야 할 지침과 실천윤리를 제시했다.

　총 12편의 책 중 1~4편은 부임赴任, 율기律己, 봉공奉公, 애민愛民으로 지방관의 기본자세에 대해 논하고 있다. 지방관은 백성과 가장 가까운 직책이기 때문에 덕행, 신망, 위신이 있는 적임자를 임명해야 하고, 청렴과 절검을 생활신조로 하여 명예와 부富를 탐내지 말고, 뇌물을 받지 말아야 하며, 백성에 대한 봉사정신을 바탕으로 국가의 정령을 두루 알리고, 민의를 상부에 잘 전달하며 백성을 사랑하는 애휼정치에 힘써야 한다고 하였다.

　5~10편은 이전吏典, 호전戶典, 예전禮典, 병전兵典, 형전刑典, 공전公典의 《경국대전》의 6전을 기준으로 지방관이 실천해야 할 정책을 논했다. 마지막으로 진황賑荒과 해관解官 2편은 빈민구제의 진황정책과 지방관이 임기가 끝나 교체되는 과정을 적은 것이다.

　이 책은 전반적으로 백성의 입장에서 농민의 실태, 서리의 부정, 토호의 작폐, 도서민의 생활 상태 등을 낱낱이 파헤치고 있는데, 조선 후기의 지방 실정에 대한 사회경제사 연구에 귀중한 자료이다.

경세유포經世遺表

정약용이 전남 강진에 유배되었을 때인 1817년(순조 17)에 쓴 책으로 일종의 제도개혁안이다. 《서경書經》과 《주례》의 이념을 표본으로, 당시 조선의 현실에 맞도록 조정하여 정치, 사회, 경제 제도를 개혁하고 부국강병을 이루는 데 목표를 둔 이 책은 국가 통치 질서의 근본이념을 세워 조선을 새롭게 하고자 한 그의 생각이 담겨 있다.

여기에서 저자는 남인 실학자의 공통적 관심사인 토지제도의 개혁과 민생 안정뿐만 아니라, 주로 북학파 실학자가 관심을 가져 온 기술 발달과 상공업 진흥을 통한 부국강병의 실현 문제도 논의했다.

특히 당시 사회의 모순이 집약되어 있다고 볼 수 있는 토지문제 및 농업문제에 대해서는 궁극적인 목표를 자영농自營農의 경영을 기본으로 하는 정전제井田制에 두면서도 당장에 실시하는 것은 어렵다고 보아, 우선 첫 단계로 부분적인 개혁론이라 할 수 있는 정전의井田議를 제시하였다. 정전제는 토지를 정자井字로 구획하여 분배하는 것이 아니라, 토지 면적을 계산하여 사전私田과 공전公田의 비율을 9:1로 하거나 수확량의 9분의 1만 세금으로 납부하게 하는 제도임을 설명하고, 한국에서 정전제를 실시할 수 있는 가능성과 실현방법을 제시하였다. 또한 〈지관수제〉에서 부세제도의 개혁안을 제시하여 농민과 토지에만 국가의 부세가 편중되는 현실을 비판하고, 모든 산업에 과세할 것을 주장하였다.

과거제 개혁안으로는 당시 사회적으로 세력이 커가고 있던 서얼, 중인, 부호층富豪層 등을 관료기구에 흡수할 수 있는 통로를 마련하였다. 이 밖에 환곡, 호적제도, 지방행정제도 등의 개선책도 제시하였다.

정약용의 사회경제사상을 대표하는 이 책은 당시 사회의 실상과 제반 모순을 비판하여 사회와 국가의 전반적인 개혁원칙을 제시했기 때문에 조선 후기 정치사, 사회사, 경제사를 연구하는 데 귀중한 자료이다.

아방강역고我邦疆域考

1811년(순조 11) 정약용이 편찬한 역사 지리서. 우리나라의 강역을 문헌을 중심으로 살피고 고증해서 쓴 책이다. 정약용은 이후 증보작업을 계속하여 1833년에 북로연혁北路沿革 속편, 서북로연혁西北路沿革 속편을 증보하였고, 1830년대를 전후로 하여 발해속고渤海續考를 증보하였다.

이 책은 고조선에서 발해에 이르기까지 우리나라 강역의 역사를 각종 문헌에서 기록을 뽑아 고증하고, '용안鏞案'이라는 형식으로 자신의 견해를 첨부하여 그 내력을 자세히 밝히고 있다. 고조선과 발해 외에 한사군에 대해서도 총론과 각론으로 구분하여 한사군의 위치와 그 역사를 고증하였고, 삼한 또한 총론과 각론으로 구별하여 마한, 진한, 변한의 위치를 다루고, 이어 옥저, 예맥, 말갈, 발해의 순으로 북방 여러 나라의 위치와 역사도 함께 검토하였다. 또한 지리 고증에만 그친 것이 아니라 고조선 이래의 역대의 강역과 수도, 하천 등의 위치를 새롭게 밝혀 잘못 기록된 지리서에 수정을 가했다.